Grundschule

Eckhard Berger

Farben, Rätsel, Spiele & Co

... durch die coole Kunstbrille

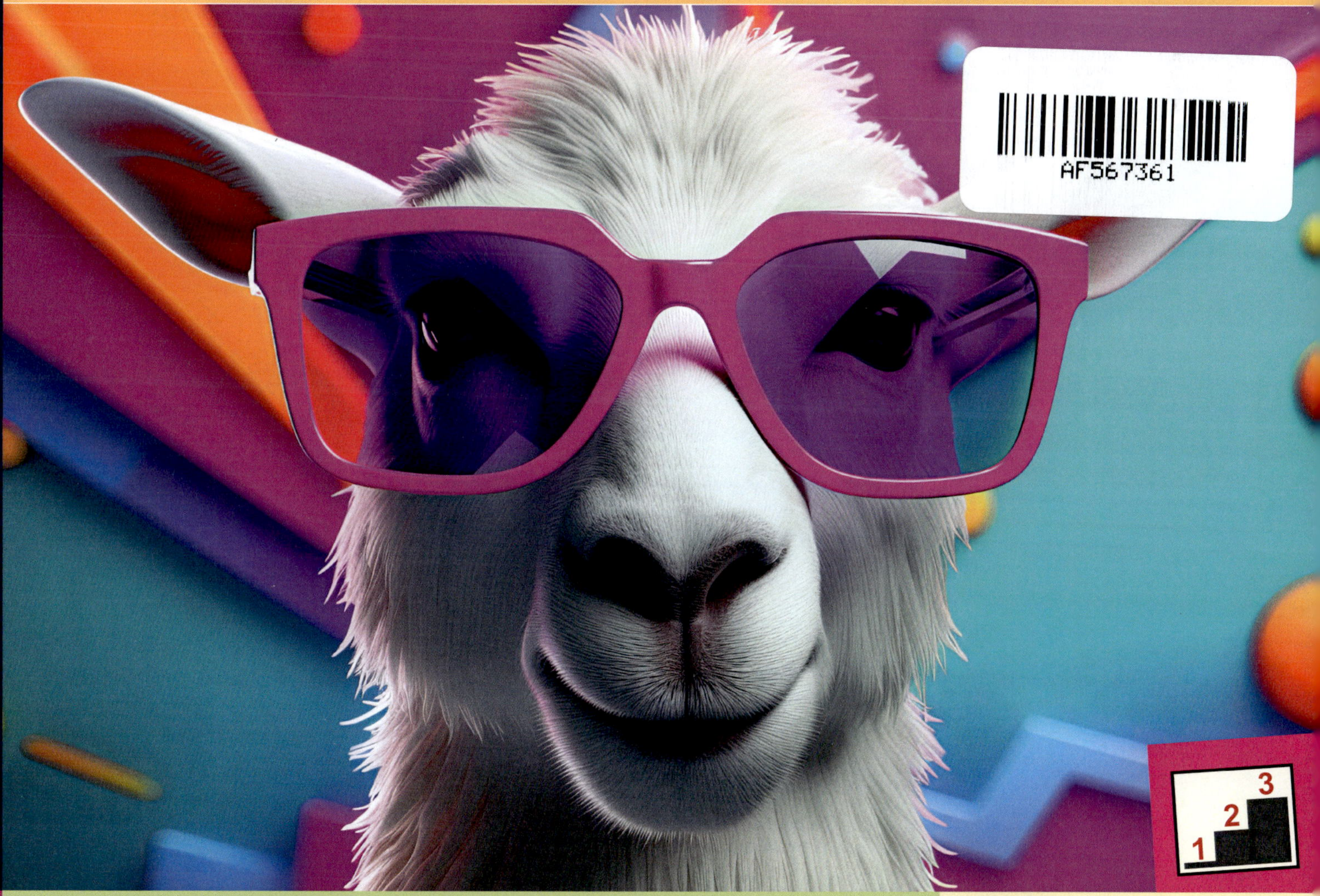

1 2 3

- Grund- & Erweiterungskompetenzen
- Wahrnehmung, Gestaltung, Kreativität
- *Niveau-Navigator*

www.kohlverlag.de

Farben, Rätsel, Spiele & Co

... durch die coole Kunstbrille

1. Auflage 2024

Idee und Text: Eckhard Berger
Umschlagbild: Login & 2rogan – AdobeStock.com
Fotos: Archiv teamberger und Barbara Berger
Redaktion: Kohl-Verlag
Grafik & Satz: Eckhard Berger und Kohl-Verlag
Druck: Druckhaus Flock, Köln

Bestell-Nr. 13 147

ISBN: 978-3-98841-215-7

Bildquellen © adobestock.com

S. 2: © Africa Studio; S. 6-9: © Vector Tradition; S. 12: © Bernd Schmidt; S. 15: © Vector Tradition; S. 19: © Artur; S. 20: © Zarya Maxim; S. 21: © Macrovector; S. 23: © Cmon; S. 24+25: © yusufdemirci; S. 29: © ONYXprj; S. 32: © Bulgakova Kristina; S. 37: © Галина Бойко; S. 39: © Cmon; S. 40: © pingebat; S. 45+46: © Vladimir Ya; S. 48: © kadiracar; S. 50: © EwaStudio; S. 52: © Veniamin Kraskov; S. 6- 62: © Login;

Inhalt

KOHL VERLAG Farben, Rätsel, Spiele und Co ... durch die coole Kunstbrille – Bestell-Nr. 13 147

Inhalt

Vorwort

Farben, Rätsel, Spiele & Co. gehört zu der neuartigen lehr- und lernstarken Reihe für den modernen Kunstunterricht, den fächerübergreifenden Unterricht, die Arbeitsgemeinschaften und Projekte der Grundschule und der außerschulischen Förderung. Sie umfasst folgende Bände:

Kunsträtsel & Co. – ... durch die coole Kunstbrille

Kunstspiele & Co. – ... durch die coole Kunstbrille

Suchbilder & Co. – ... durch die coole Kunstbrille

Farben, Rätsel, Spiele & Co. – ... durch die coole Kunstbrille

Formen, Rätsel, Spiele & Co. – ... durch die coole Kunstbrille

Gemäß der verpflichtenden Vorgaben für den Kunstunterricht werden im Kontext zu den Grund- und Erweiterungskompetenzen besonders die Wahrnehmungs-, Gestaltungs- und Kreativitätskompetenzen optimal umfassend und nachhaltig gefördert. Zusätzlich werden die Aufmerksamkeits- und Konzentrationsfähigkeiten geschärft.

Farben, Rätsel, Spiele & Co. richtet den Blick auf ausgewählte originelle, spannende und abwechslungsreiche Aufgaben aus der Erfahrungs- und Erlebniswelt der Schüler und Schülerinnen unter Berücksichtigung ihres Entwicklungsstandes. Die berührenden Geschichten der Autorin Barbara Berger tragen dazu bei.

In *Farben, Rätsel, Spiele & Co.* wird das erste Grundwissen zum Thema Farbe, Farbwirkung und Farbbedeutung gebildet. Schüler und Schülerinnen erfahren, erleben und lernen spielerisch alles, was mit Farbe zu tun hat. Mit viel Spaß und Begeisterung wird gemalt, gezeichnet, verbalisiert, erfunden und viel mehr.
Innovative, kreative und spannende Rätsel und Spiele passend zur kindlichen Entwicklung tragen effektiv und optimal dazu bei. Der Erfolg ist garantiert!

Alle Aufgaben können als Haupt-, Neben- oder Ergänzungsthema einzeln oder als Reihen in allen Sozialformen eingesetzt werden. Mit verschiedenen Mitteln wird gearbeitet. Hauptarbeitsmittel sind Farbstifte (Bunt-, Filz- und Faserstifte) und Pinsel und Tuschfarben. Die Bearbeitung kann (fast) ohne Vorbereitungsaufwand erfolgen.
Der nützliche Niveaunavigator definiert den Schwierigkeitsgrad:

⦿ *Grundniveau* ! *Mittleres Niveau* ★ *Erweitertes Niveau*

Viel Erfolg und Spaß mit *Farben, Rätsel, Spiele & Co.* wünschen der **Kohl-Verlag** und

Eckhard Berger

Tipp: *Kinderkunst – Malen und Farbe* (Kohl-Verlag)
Bunte Farbe (Kohl-Verlag)
Kunterbunte Farbtopfgeschichten (Kohl-Verlag)
Wahrnehmen, sich konzentrieren, zeichnen und malen (Kohl-Verlag)
Kompetenzförderung Rätseln, Zeichnen und Anmalen (Kohl-Verlag)
Mehr Informationen: www.kohlverlag.de und www.teamberger.de

Kids

Aufgabe 1: *Lies die Beschreibung der Kids durch und trage ihre Namen in die langen Felder ein.*

- Amilia trägt ein grünes Kleid
- Lukes kurze Hose ist dunkelblau. Sein Hemd ist hellblau.
- Carola mag ihr rotes Kleid und ihre braunen Zöpfe.
- Frieda hat einen langen Zopf mit einem blauen Knoten.
- Elias ist der Junge mit der grauen Hose und den drei Haaren.
- Paul, der seine rechte Hand hebt, mag seine graue Hose.
- Linda mit den zwei Haaren trägt gerne ihr gelbes Kleid.
- Emmas oranger Zopf zeigt nach oben.
- Frederick liebt seine graue Hose und sein grünes Hemd

KOHL VERLAG Farben, Rätsel, Spiele und Co ... durch die coole Kunstbrille – Bestell-Nr. 13 147

Farbroller

Aufgabe 1: *Schreibe Tiere, Pflanzen oder Dinge rechts neben dem Roller auf, deren Hauptfarbe mit ihm übereinstimmt. Beispielsweise passt ein Feuerwehrauto zu Rot.*

Aufgabe 2: *Wähle eine Farbe aus und male mit Pinseln und Tuschfarbe etwas Farbtypisches auf einem Zeichenblockblatt dazu.*

KOHL VERLAG Farben, Rätsel, Spiele und Co ... durch die coole Kunstbrille – Bestell-Nr. 13 147

Konfettirahmen

Aufgabe 1: *Wähle eine Farbe aus dem Konfettirahmen.*

Aufgabe 2: *Male in dem Rahmen ein Bild, in dem hauptsächlich diese Farbe vorkommt.*

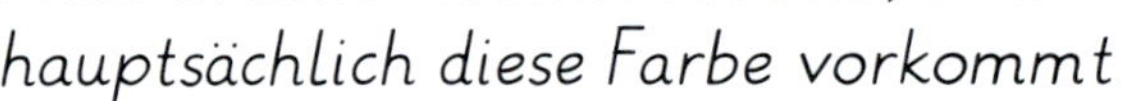

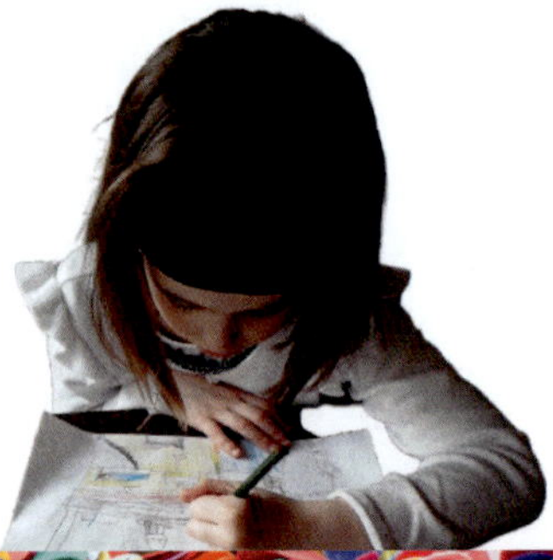

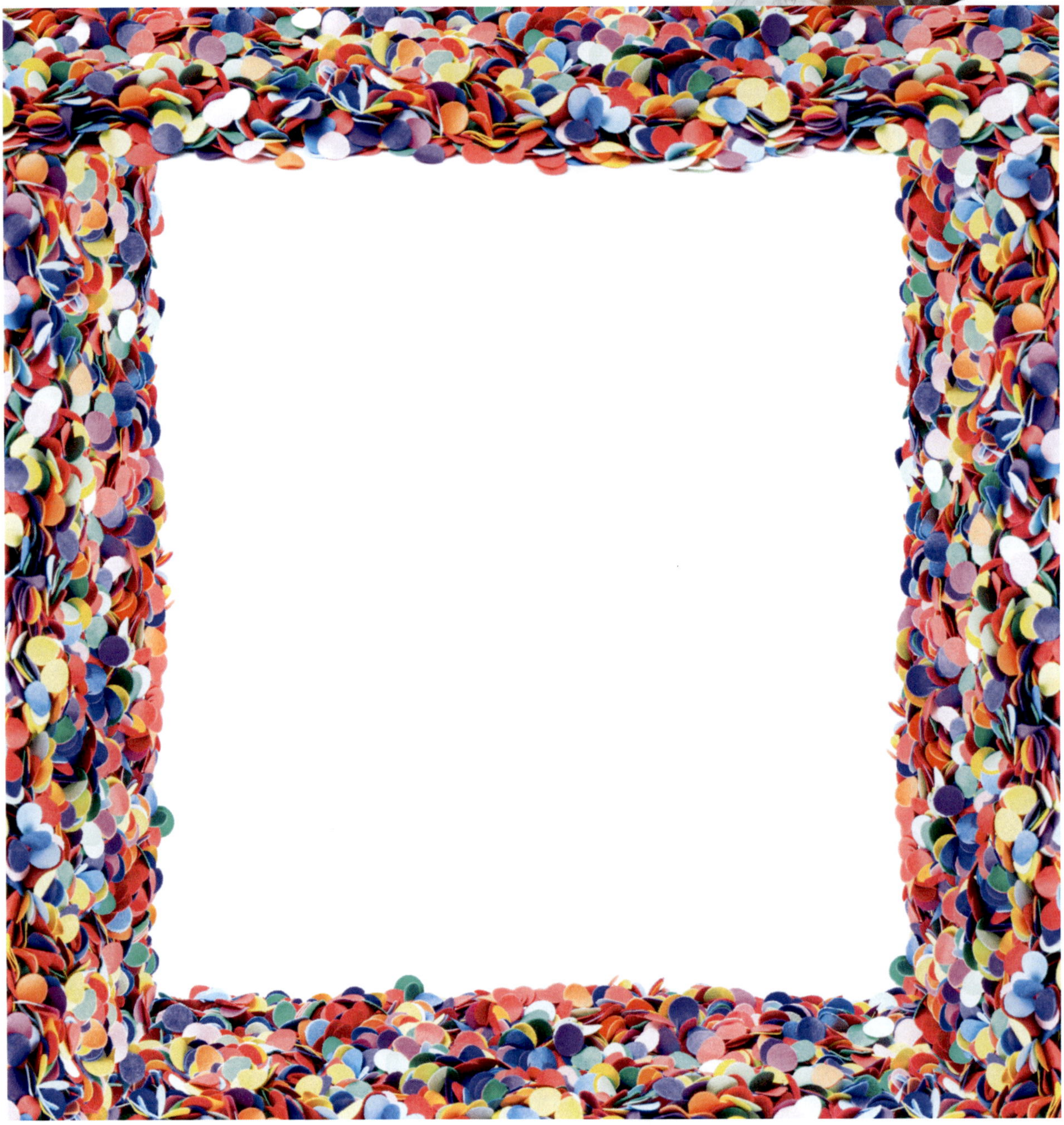

Mein leckeres Lieblingseis

Aufgabe 1: *Zähle alle Eissorten auf, die du kennst und nenne ihre Farbe.*

Aufgabe 2: *Male in jede Waffel je eine große Kugel der Eissorten, die du am liebsten magst.*

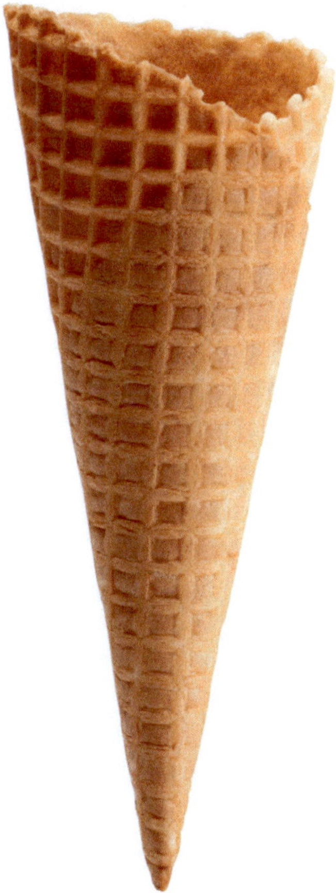

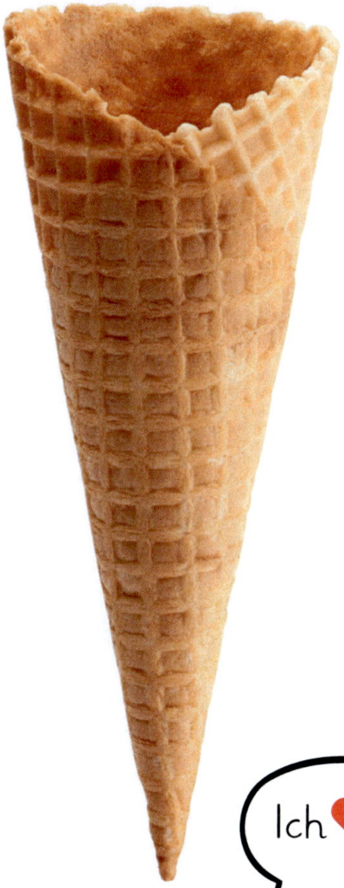

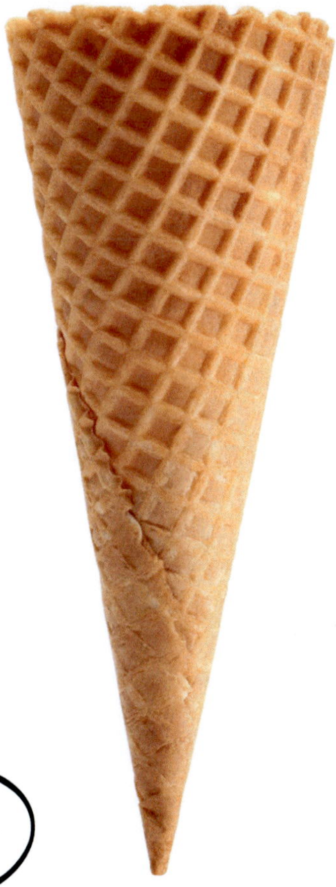

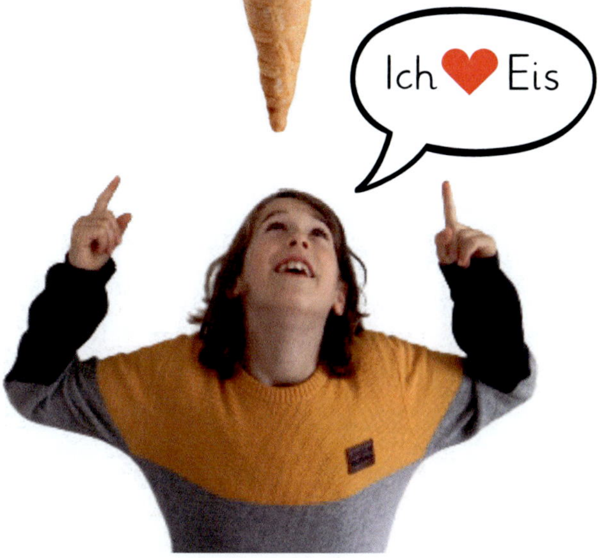

Ich ❤ Eis

Blühende Blumenwiese

Aufgabe 1: *Zeichne in die obere und untere Wiese Blumen mit Stängel, Blätter und Blüten.*

Aufgabe 2: *Male die Stängel und Blätter grün an. Male jede Blüte in einer anderen Farbe an. Wähle zehn oder mehr Farben.*

Aufgabe 3: *Klebe ein Blatt Papier an, um die Wiesen zu vergrößern.*

Hier ankleben

KOHL VERLAG Farben, Rätsel, Spiele und Co ... durch die coole Kunstbrille – Bestell-Nr. 13 147

Das Xylophon tönt

Aufgabe 1: Male die Klangstäbe an. Orientiere dich dabei an der richtigen Größe und Farbe der einzelnen Klangstäbe. Stelle dir vor, wie es tönt, wenn du fertig bist.
Tipp: Beginne mit dem kürzesten oder längsten Stab.

Aufgabe 2: Merke: Gelb, Rot und Blau sind Grundfarben (Primärfarben) und Orange, Violett und Grün Zweitfarben (Sekundärfarben). Weiß ist die hellste und Schwarz die dunkelste Farbe.

Aufgabe 3: Klebe ein Blatt Papier an und male dein Lieblingsinstrument.

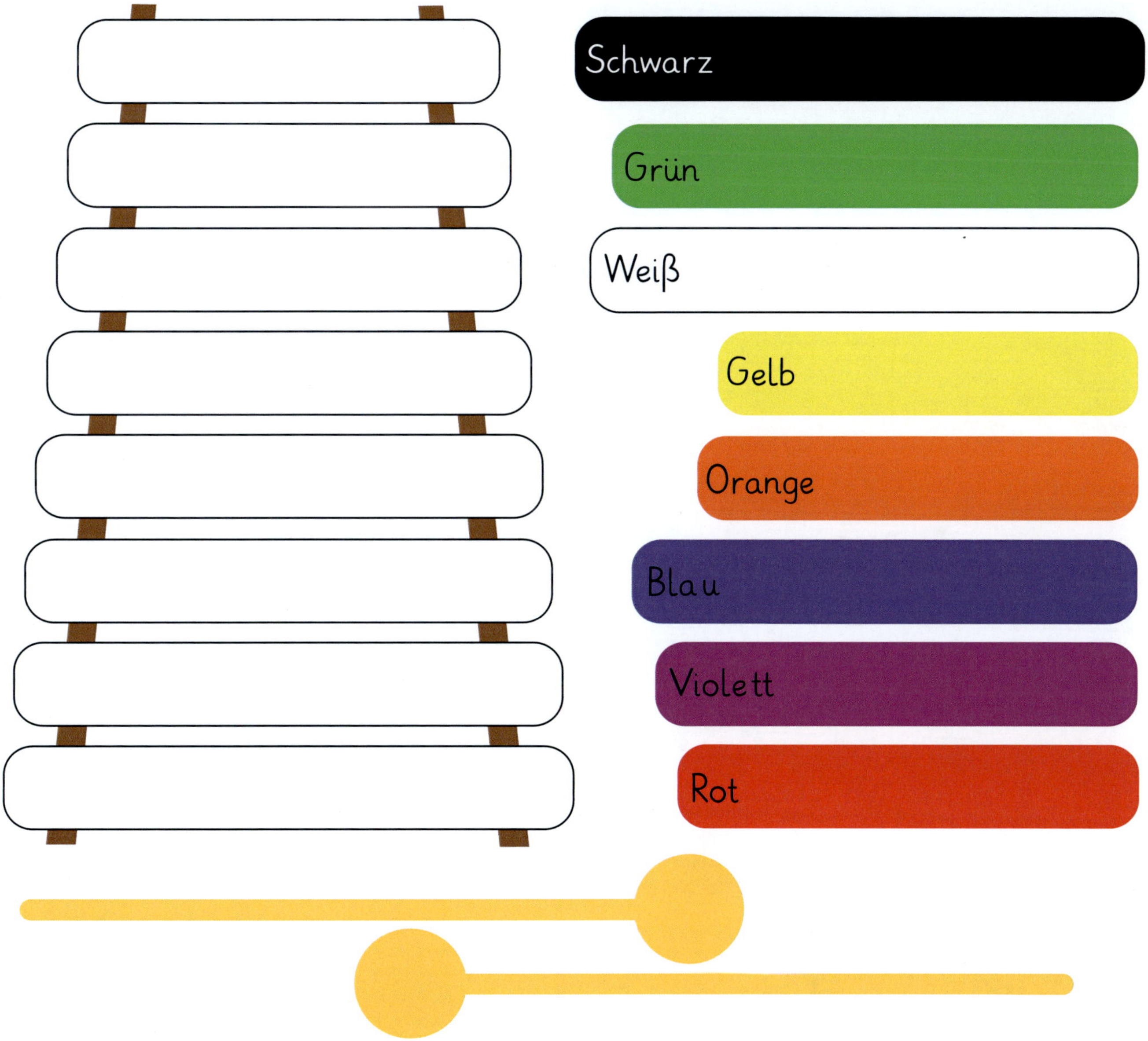

Schwarz

Grün

Weiß

Gelb

Orange

Blau

Violett

Rot

Hier ankleben

KOHL VERLAG Farben, Rätsel, Spiele und Co ... durch die coole Kunstbrille – Bestell-Nr. 13 147

Treffen der Streifenfische

In einem kleinen See treffen sich wieder einmal alle Fische. Sie sind weiß oder haben ein paar schwarze Streifen.
„Ach", sagt plötzlich der kleine Fisch Fiete, „wäre ich doch bloß ein bisschen bunter. Vielleicht so gelb wie die Sonne, so grün wie die Algen oder so rot wie die Seerosen!"
Das hört die Sonne und fängt mit ihren Sonnenstrahlen an zu zaubern. Sie berührt die Fische mit ihren Strahlen. Plötzlich haben Fiete und seine Freunde kunterbunte Streifen.
„Oh, wie schön wir aussehen", rufen sie und springen vor lauter Freude aus dem Wasser. „Danke liebe Sonne!"

Aufgabe: *Male den linken Fisch mit roten, grauen und braunen, den kleinsten mit grünen, hellblauen und dunkelroten, den längsten mit schwarzen, violetten und gelben und den größten mit grauen, blauen und weißen Streifen an.*

KOHL VERLAG Farben, Rätsel, Spiele und Co ... durch die coole Kunstbrille – Bestell-Nr. 13 147

Regenbogenlandschaft

!

Amilia und Luke sitzen am Waldrand vor der Hütte ihres Opas.
Plötzlich fängt es an zu regen. Aber trotzdem scheint die Sonne noch ein wenig.
„Ach, schade!" sagt Luke. „Wir wollten doch in den Wald gehen und die Rehe beobachten."
Amilia schaut zum Himmel und ruft: „Oh, schau einmal! Ein großer Regenbogen! Der ist ja so schön bunt."
Schnell haben beide eine Idee für ein Spiel. Jeder muss sagen, welche Farbe vom Regenbogen er in der Landschaft sieht.
„Rot wie Opas schöne Rosen vor der Hütte", sagt Amilia.
„Gelb wie die Sonnenblumen dort auf dem Feld", ruft Luke.
Selbstverständlich fällt Amilia bei den vielen Bäumen im Wald die Farbe Grün ein. Zwischen den Steinen auf dem Weg entdeckt Luke die blauen Kornblumen.
Doch wo ist denn Violett zu finden? Sie fragen ihren Opa.
„Kommt einmal mit", sagt er und geht mit ihnen hinter die Hütte.
Da sehen sie viel violetten Lavendel.
„Der duftet gut und wird sehr von unseren Bienen gemocht", erzählt der Opa.
Nun haben die beiden alle Farben des Regenbogens in der Landschaft gefunden.

Aufgabe 1: *Siehe dir die Farben im Regenbogen an: Rot, Gelb, Grün, Blau und Violett. Mache das Spiel der beiden Kinder nach.*

Aufgabe 2: *Male mit Pinseln und Tuschfarben einen Regenbogen auf einem Zeichenblockblatt.*

Aufgabe 3: *Ergänze darunter eine Landschaft, in der die Regenbogenfarben vorkommen.*

Leckere Marmeladen

Aufgabe 1: *Welche Farbe ergibt eine Marmelade aus Blaubeeren und Pfirsichen in dem Glas 1, aus Erdbeeren und Zitronen in dem Glas 2 und aus Blaubeeren und Hagebutten in dem Glas 3? Wähle zwei andere Obstsorten für das Glas 4 und nenne das Farbergebnis.*

Aufgabe 2: *Male die Gläser in den richtigen Mischfarben an. Zeichne die Früchte in den passenden Farben auf die Etiketten und male sie an.*

Aufgabe 3: *Stelle mit deinen Mitschülern unter Aufsicht und Anweisung Marmeladen her. Verzehrt die Marmeladen. Guten Appetit!*

Glas 1

Glas 2

Glas 3

Glas 4

KOHL VERLAG Farben, Rätsel, Spiele und Co ... durch die coole Kunstbrille – Bestell-Nr. 13 147

Farben der Eissorten

⊙!

Aufgabe 1: *Nenne die Farben der abgebildeten Sorten Blaubeer-, Nuss-, Vanille-, Pistazien-, Schokoladen-, Lakritz- und Erdbeereis.*

Aufgabe 2: *Schreibe den richtigen Namen unter die passende Eissorte.*

KOHL VERLAG Lernen mit Erfolg Farben, Rätsel, Spiele und Co ... durch die coole Kunstbrille – Bestell-Nr. 13 147

Kinder lieben es bunt

⊙!

Aufgabe 1: *Lies dir die Beschreibung für jedes Kind durch.*

Aufgabe 2: *Male danach wie in dem Beispiel die Frisur, das Hemd, die Schuhe und den Rock oder die Hose an.*

Frisur: schwarz
Schuhe: rot

Frisur: gelb
Schuhe: schwarz

Frisur: rot
Schuhe: gelb

Hemd: grün
Hose oder Rock: blau

Hemd: orange
Hose oder Rock: violett

Hemd: blau
Hose oder Rock: weiß

Aufgabe 3: *Vereinbare mit deinen Mitschülern, regelmäßig andere bunte Kleidungsstücke zu tragen.*

KOHL VERLAG Lernen mit Erfolg
Farben, Rätsel, Spiele und Co ... durch die coole Kunstbrille – Bestell-Nr. 13 147

Steinpyramide

!

Aufgabe 1: *Zeichne Steine übereinander. Beginne unten mit dem größten Stein. Zeichne ihn auf der Strichlinie nach.*

Aufgabe 2: *Male sie mit dem Bleistift in verschiedenen hellen und dunklen Grautönen an. Ein Kontrast, Hell-Dunkel-Kontrast, entsteht. Wende dabei die Schraffurtechnik an.*

Aufgabe 3: *Sammle Steine. Klebe oder lege möglichst viele übereinander, sodass eine weitere Pyramide entsteht.*

Luftballons am Himmel

⊙!

Aufgabe 1: *Wähle einen Stift mit deiner Lieblingsfarbe.*

Aufgabe 2: *Male den großen Ballon mit kräftiger Farbe durch kräftigen Handdruck an, den mittelgroßen heller durch weniger Druck und den kleinen noch heller durch noch weniger Druck. Ein Farbgang entsteht.*

KOHL VERLAG Lernen mit Erfolg Farben, Rätsel, Spiele und Co ... durch die coole Kunstbrille – Bestell-Nr. 13 147

Vielfarbige Kleckswolke

!

Aufgabe 1: *Tauche nacheinander einen oder mehrere mit Wasser kräftig durchnässte dicke Pinsel in eine Tuschfarbe.*

Aufgabe 2: *Lass die Farbe in der Mitte der oberen Hälfte eines großen Zeichenblockblattes abtropfen.*

Aufgabe 3: *Wiederhole den Vorgang mit weiteren verschiedenen Farben.*

Aufgabe 4: *Beobachte, wie die Farben ineinander laufen und sich vermischen. Beschreibe die neu entstandenen Farbtöne.*

Aufgabe 5: *Gestalte unter deiner fertigen Kleckswolke eine Landschaft deiner Wahl.*

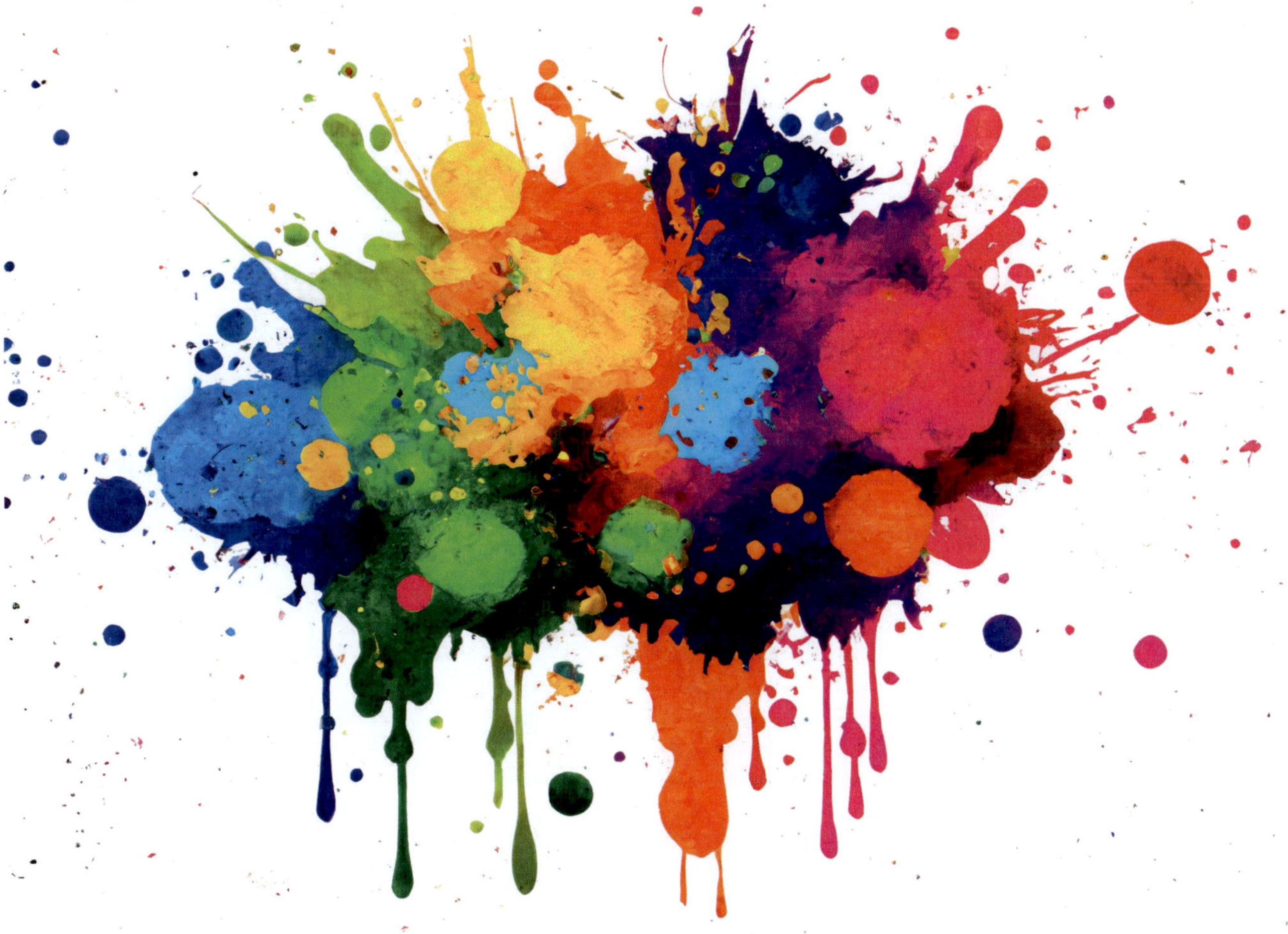

Klecksie

!

Aufgabe 1: *Zeichne mit dem Bleistift fantasievoll den Umriss einer Figur oder eines Tieres.*

Aufgabe 2: *Lass viele unterschiedliche Tuschfarben von deinen nassen Pinseln in den Umriss abtropfen. Viele kleine und große Kleckse, die sich auch vermischen dürfen, sollen ihn füllen. So entsteht ein Klecksie.*

Aufgabe 3: *Deine Mitschüler sollen dein Klecksie danach beschreiben und ihm einen fantasievollen Namen geben.*

KOHL VERLAG Farben, Rätsel, Spiele und Co ... durch die coole Kunstbrille – Bestell-Nr. 13 147

Der Frosch trägt einen Hut

Aufgabe 1: *... und angelt einen kleinen Fisch mit gelben und orangen Punkten, einen mittelgroßen mit einem orangen, gelben und roten Linienmuster und einen mit ganz großen mit blauen, violetten und grünen runden und eckigen Formen. Zeichne Fische und gestalte sie so.*

Aufgabe 2: *Klebe ein Blatt Papier für mehr Platz an.*

Der Frosch Fritz sitzt mit seinem Anglerhut auf dem Kopf und der Angel in der Hand an einem See. Noch hatte er kein Glück.
„Bring mir einen schönen bunt gemusterten Fisch mit nach Hause," sagte ihm noch seine Froschfrau Frieda.
Doch er angelt nur graue Fische. Um besser sehen zu können, dreht er seinen Hut nach hinten. Plötzlich fängt er einen bunten Fisch mit Punkten.
„Liegt das an meinem Hut?", fragt sich Fritz.
Er probiert es noch einmal. Hut nach vorne, Hut drehen und Hut nach hinten. Ja, wirklich! Er fängt noch einen größeren bunten Fisch mit einem Linienmuster.
„Das glaubt mir Frieda nie," lacht er und geht mit drei bunten Fischen nach Hause.

Hier ankleben

KOHL VERLAG Farben, Rätsel, Spiele und Co ... durch die coole Kunstbrille – Bestell-Nr. 13 147

Bunte Obst- und Gemüsegesichter

!★

Aufgabe 1: *Besorge mit deinen Mitschülern viel buntes Obst und Gemüse.*

Aufgabe 2: *Legt fantasievolle Gesichter und beschreibt die Farben.*

Aufgabe 3: *Stellt sie aus und werbt für den Verzehr von gesundem Obst und Gemüse. Verzehrt es anschließend.*

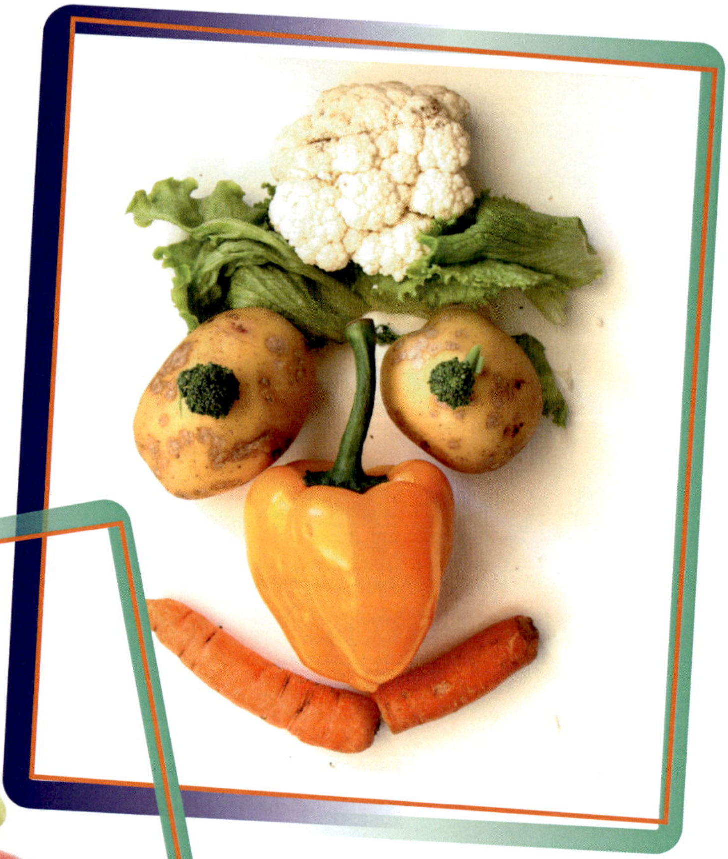

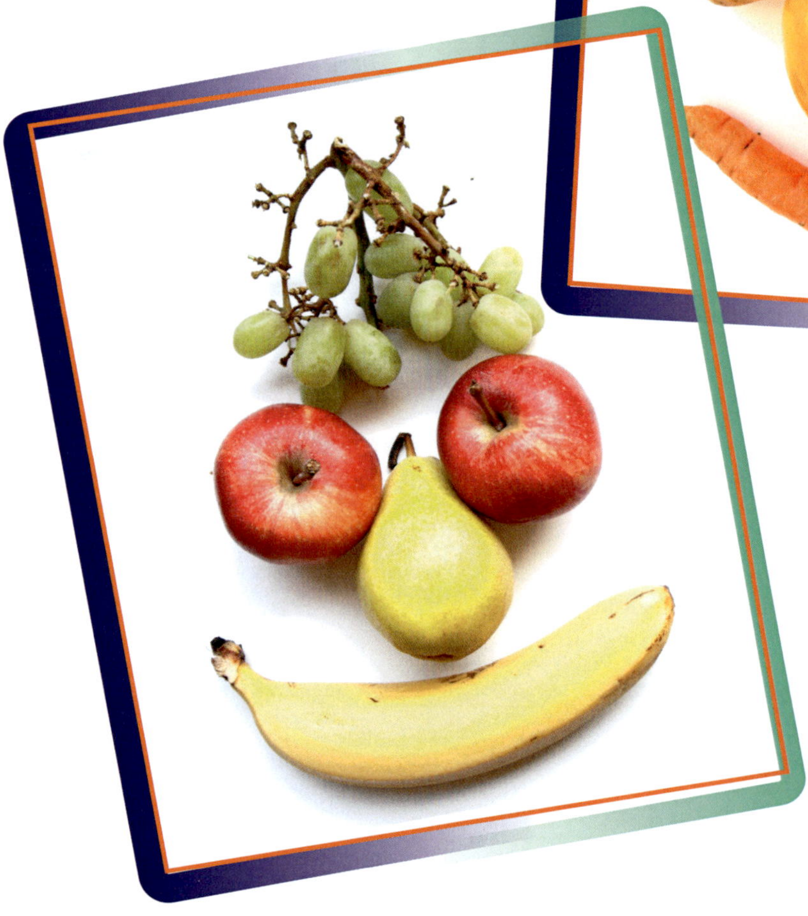

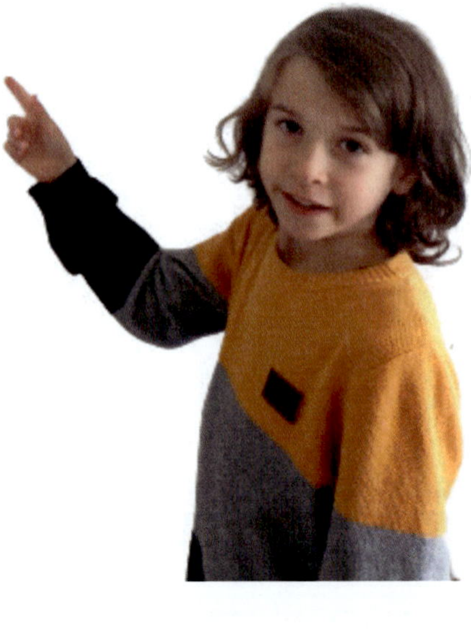

Es ist Regenwetter

!★

Aufgabe 1: *Schaue dir die Regensachen, Schirm und Stiefel, an.*

Aufgabe 2: *Schreibe die fehlenden Zahlen von 1 bis 5 in die Regentropfen an den Schirmen oder Stiefeln, die farblich zueinander passen.*

1

2

3

4

5

KOHL VERLAG Farben, Rätsel, Spiele und Co ... durch die coole Kunstbrille – Bestell-Nr. 13 147

Außerirdische Stielaugen

Aufgabe: *Male die weißen außerirdischen Stielaugenwesen so an, dass in jeder waagerechten und senkrechten Sudokureihe die Farben Orange, Gelb, Grün und Violett nur einmal vorkommen.*

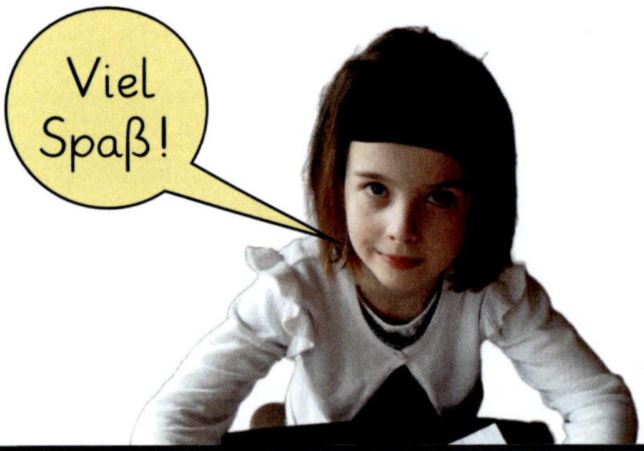

Viel Spaß!

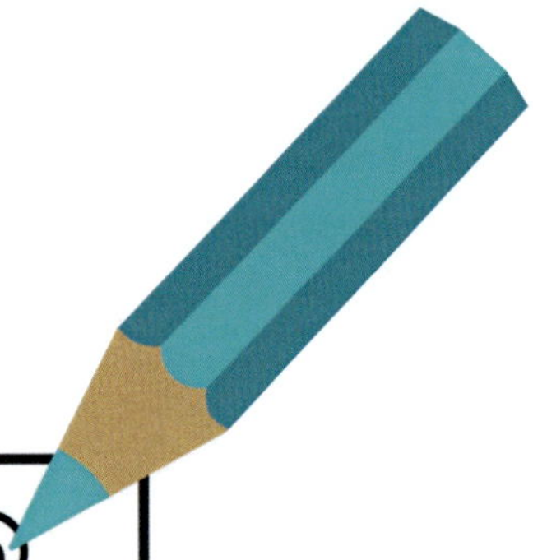

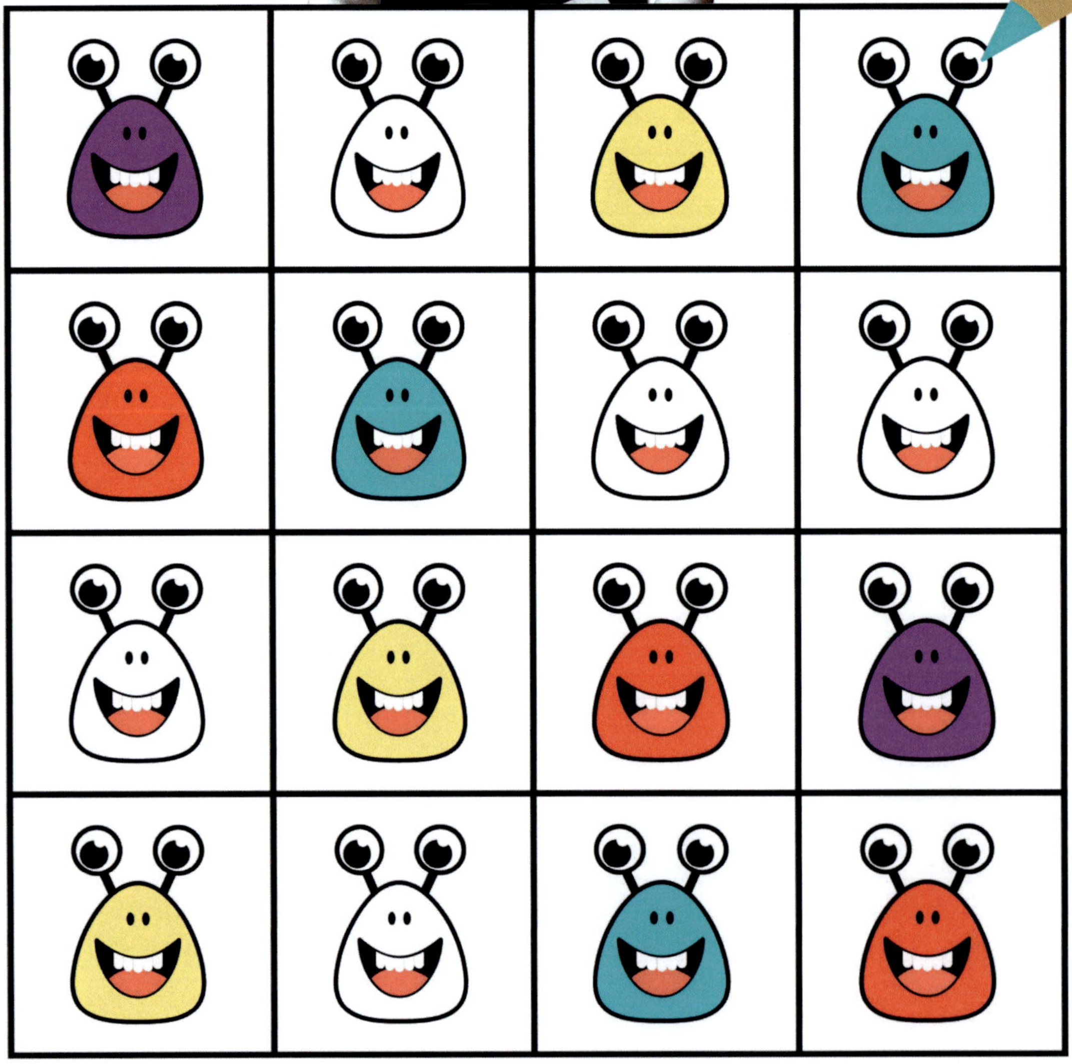

Spingleute 1

!

Aufgabe 1: *Erkenne und beschreibe die Farbe und Form der springenden Personen.*

Aufgabe 2: *Zähle die springenden Personen und schreibe die Anzahl in den Kreis.*

Spingleute 2

!

Aufgabe 1: *Vergleiche beide Darstellungen mit springenden Personen.*

Aufgabe 2: *Male in der Darstellung unten alle Leute unterschiedlich einfarbig an, die du in der Darstellung oben wiederfindest. Wie viele Personen findest du nicht wieder? Trage ein.*

Aufgabe 3: *Klebe unten ein Blatt Papier an.*

Aufgabe 4: *Zeichne dich in einer springenden Position als Umriss und male dich einfarbig an.*

Hier ankleben

KOHL VERLAG Farben, Rätsel, Spiele und Co ... durch die coole Kunstbrille – Bestell-Nr. 13 147

Seiten- und Draufsicht

!

Aufgabe 1: *Schaue dir die Seiten- und Draufsicht der gestapelten Ringe an.*

Aufgabe 2: *Verbinde mit einer Linie die Sichten, die zusammengehören.*
Tipp: Die Farbe und Größe der Ringe helfen dir.

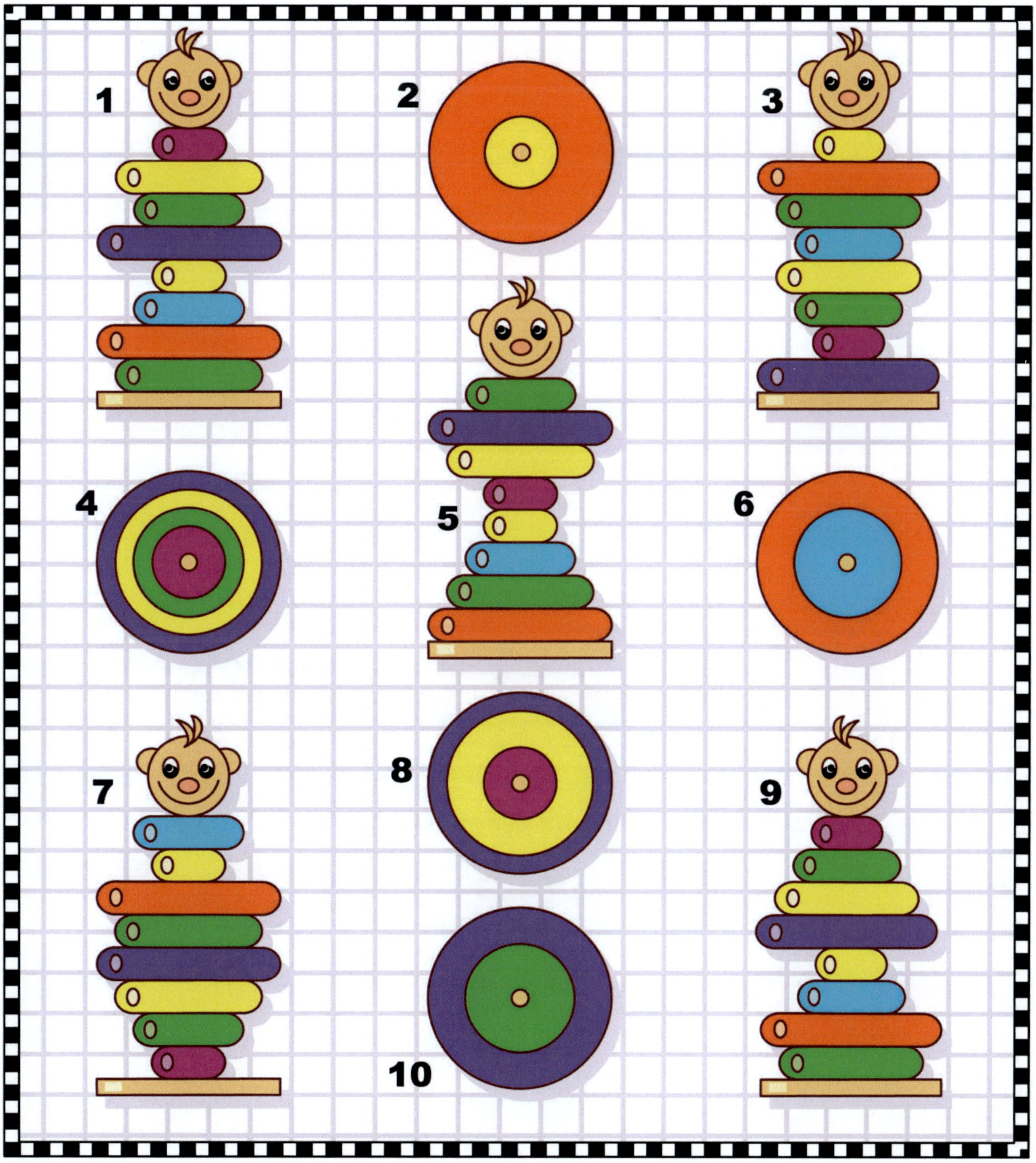

1

2

3

4

5

6

7

8

9

10

Spanische Windmühlen

Aufgabe 1: *Schaue dir die Reihenfolge der Farben in den Windrädern der spanischen Windmühlen genau an.*

Aufgabe 2: *Male die Mühlen mit gemeinsamen Farbfolgen in den Rädern in von dir gewählten gleichen Farben an.*

Aufgabe 3: *Ergänze Türen und Fenster.*

KOHL VERLAG Lernen mit Erfolg
Farben, Rätsel, Spiele und Co ... durch die coole Kunstbrille – Bestell-Nr. 13 147

Spiegelverkehrte Stifte

!★

Aufgabe 1: *Schaue dir die Haufen aus je vier Stiften an. Beachte besonders die Farbe und Lage der Stifte.*

Aufgabe 2: *Verbinde mit einer Linie jeweils den Haufen mit seinem passenden Spiegelbild. Henriks Tipp: Mit einem Handspiegel findest du schnell die passenden Spiegelbilder.*

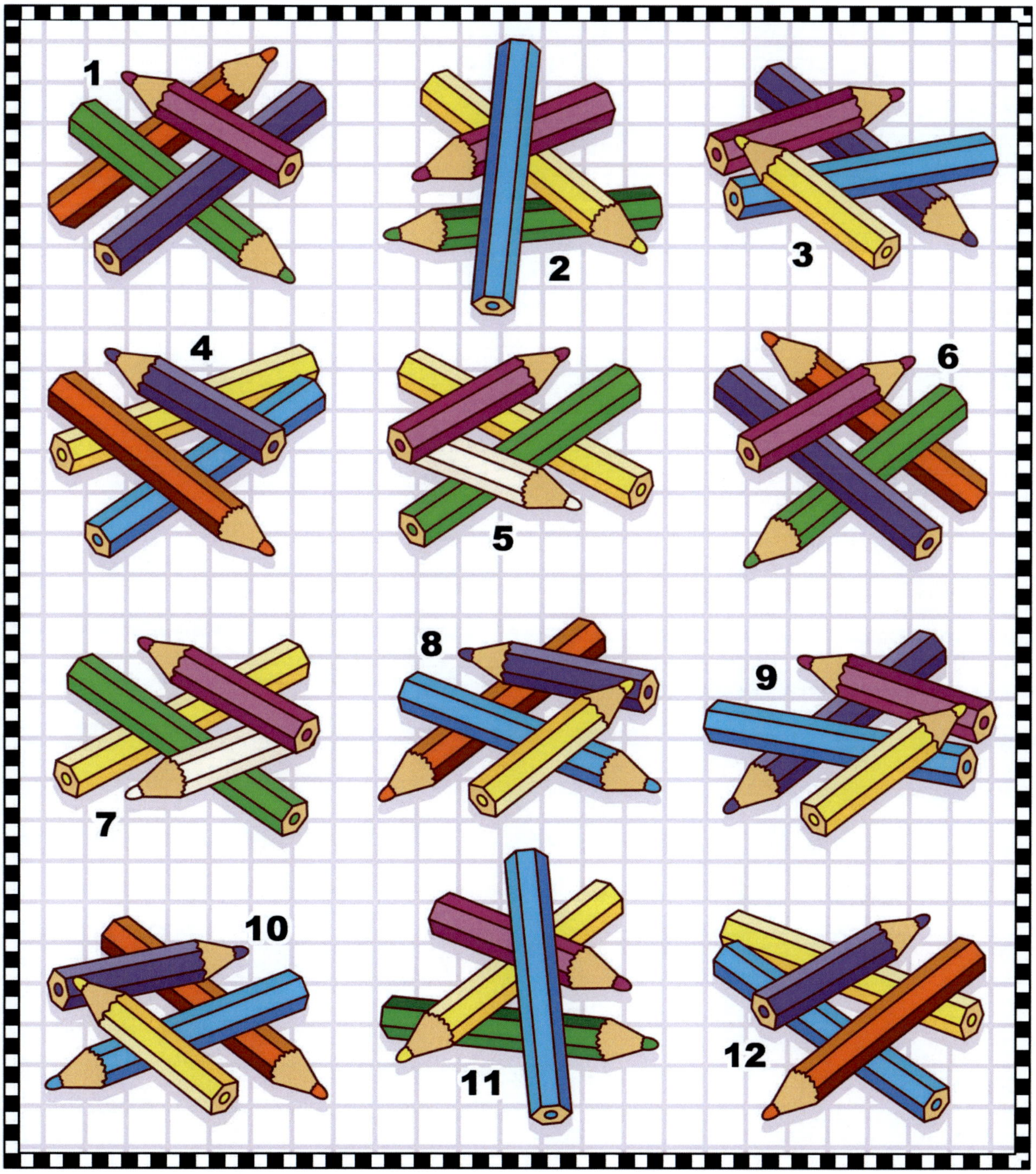

KOHL VERLAG Farben, Rätsel, Spiele und Co ... durch die coole Kunstbrille – Bestell-Nr. 13 147

Wo die Flugzeuge hinfliegen

Elias und Luke machen heute ihre erste Flugreise mit ihren Eltern.
„Das ist ja cool hier im Flugzeug", freuen sich die beiden.
Schon geht es los und – hui – fliegen sie den Wolken entgegen.
„Die Menschen und Häuser werden immer kleiner", ruft Elias.
„Ich könnte den ganzen Tag fliegen", meint Luke vor Begeisterung.
Eine Frau vor ihnen dreht sich um und fragt die beiden: „Wisst ihr denn, wo ihr hinfliegt?"
Da lachen Elias und Luke und antworten: „Nach Spanien! Da besuchen wir unseren Opa und unsere Oma für zwei Wochen."
So, nun müssen die beiden aus dem Fenster gucken und staunen, wie schön die Landschaft aus dem Flugzeug aussieht.

Aufgabe 1: *Schreibe die Anzahl der Flugzeuge auf, die nach New York, Paris und London fliegen.*

 New York =  Paris =  London =

Aufgabe 2: *Faltet Flugzeuge, bemalt sie mit Farbkombinationen und lasst sie draußen in alle Himmelsrichtungen fliegen.*

KOHL VERLAG Farben, Rätsel, Spiele und Co ... durch die coole Kunstbrille – Bestell-Nr. 13 147

Bunte Bonbons in der Tüte

Aufgabe 1: *Schreibe auf, wie viele runde bunte Bonbons in der Tüte waren.*

Aufgabe 2: *Sprich mit deinen Mitschülern darüber, ob zu viele Süßigkeiten ungesund sein können.*

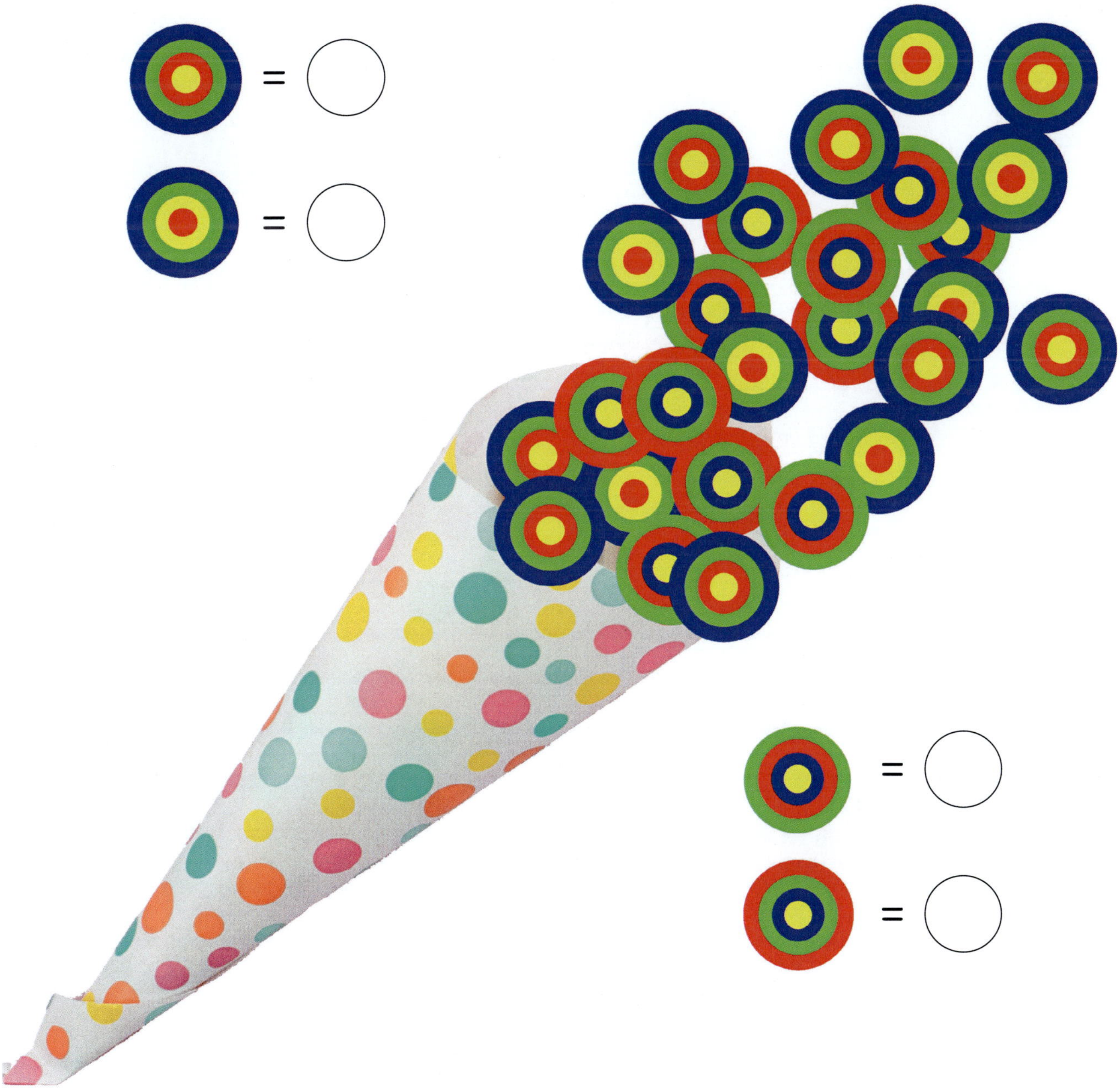

=

=

=

=

KOHL VERLAG Farben, Rätsel, Spiele und Co ... durch die coole Kunstbrille – Bestell-Nr. 13 147

Cooler Farbquizzer werden 1

Aufgabe 1: *Klebe die Quizkarten auf eine feste Unterlage.*

Aufgabe 2: *Schneide alle Karten aus.*

Aufgabe 3: *Denke dir mit den Quizfragen ein Spiel für zwei oder drei Personen aus. Die Person, die die meisten richtigen Antworten weiß oder auch errät, ist Sieger und erhält den Titel* **cooler Farbquizzer**.

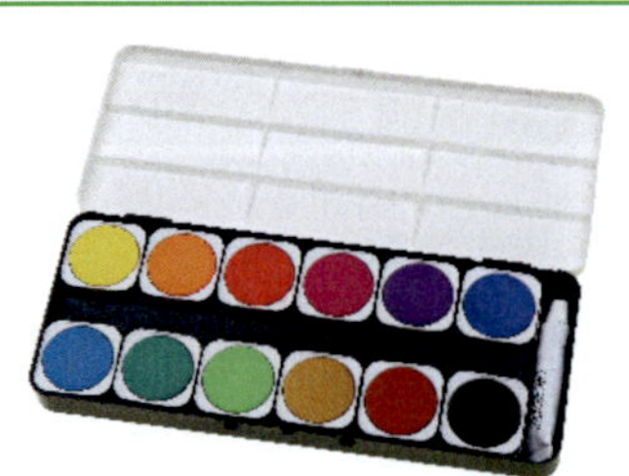

Tuschfarben werden aufbewahrt ...

O in der Tuschkiste
O im Tuschkasten
O in der Tuschschachtel

Künstler mischen ihre Ölfarben auf ...

O einem Papierblatt
O einem Frühstücksbrett
O einer Palette

Rembrandt wählte für den Hintergrund seines berühmten Meisterwerks **Die Nachtwache** (1642) ...

O intensiv bunte Farben
O dunkle Farben
O rote und weiße Farben

Womit werden die Wasserfarben gemalt?

O Pinsel
O Bürste
O Putzlappen

Franz Marc nannte sein 1911 gemaltes Bild ...

O **Blaues Pferd**
O **Blaue Berge**
O **Blaue Wiese**

Mit welchen Stiften wird grau gezeichnet und gemalt?

O Faserstifte
O Bleistifte
O Buntstifte

KOHL VERLAG Farben, Rätsel, Spiele und Co ... durch die coole Kunstbrille – Bestell-Nr. 13 147

Cooler Farbquizzer werden 2

!

Aus wie vielen Farben besteht eine Mischfarbe?

O Höchstens eine Farbe
O Keine Farbe
O Mindestens zwei Farben

Vincent van Gogh malte in dem Bild **Stillleben mit Sonnenblumen** (1888) viele ...

O gelbe Blüten
O blaue Blätter
O schwarze Vasen

Welcher Titel zu dem Bild von August Macke passt?

O **Nelken in grüner Vase**
O **Schwarze Nelken**
O **Rosen in weißer Vase**

Der Fachbegriff für Grundfarben ist ...

O Intensivfarben
O Sekundärfarben
O Primärfarben

Welche Farben gehören zu den Sekundärfarben?

O Rot, Schwarz, Grau
O Grau, Grün, Violett
O Grün, Violett, Orange

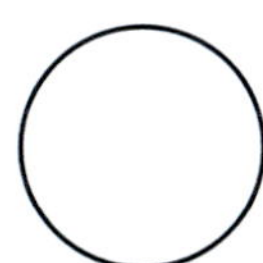

Beim Mischen von Weiß und Schwarz entsteht ...

O Grün
O Gelb
O Grau

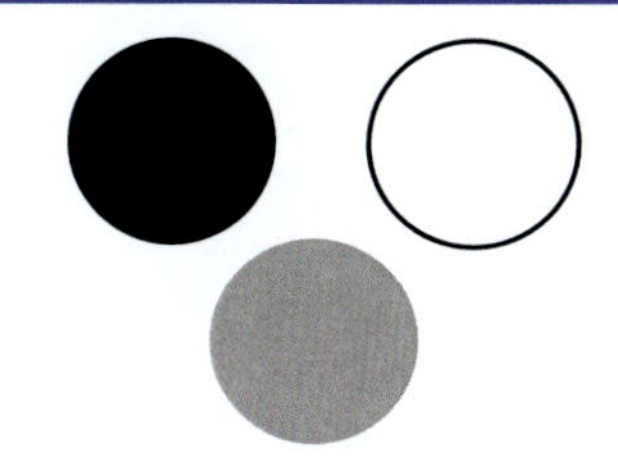

Schwarz, Weiß und Grau sind ...

O bunte Farben
O keine Farben
O unbunte Farben

Eckhard Bergers Bild hat den Titel ..

O **Eckige Sonne**
O **Kleine Sonne**
O **Violette Sonne**

Wird eine Tuschfarbe durch Beimischen von Schwarz ...

O bunter
O dunkler
O grüner

KOHL VERLAG Lernen mit Erfolg Farben, Rätsel, Spiele und Co ... durch die coole Kunstbrille – Bestell-Nr. 13 147

Cooler Farbquizzer werden 3

!

Welche ist die wärmste Farbe?

O Rotorange
O Blaugrün
O Weiß

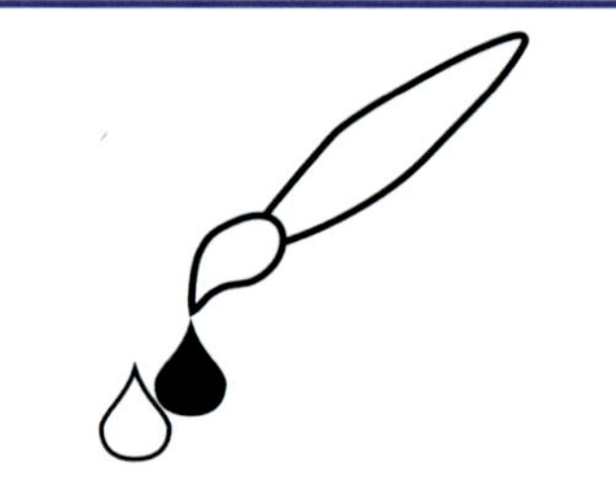

Was ist ein Farbkontrast?

O Farbunterschied
O Farbaufhellung
O Farbmischung

Welcher Titel gehört zu Eckhard Bergers Bild?

O **Halbmond**
O **Gelbe Kreise**
O **Orange Sonne**

Der Fachbegriff für Zweitfarben ist ...

O Buntfarben
O Sekundärfarben
O Schöne Farben

Wie viele bunte Kleckse sind abgebildet?

O 6
O 4
O 0

Welche Farben bilden den stärksten Kontrast?

O Schwarz und Weiß
O Schwarz und Schwarz
O Rot und Orange

Der Übergang zwischen zwei Farben heißt ...

O Farbgang
O Farbwettlauf
O Farbspaziergang

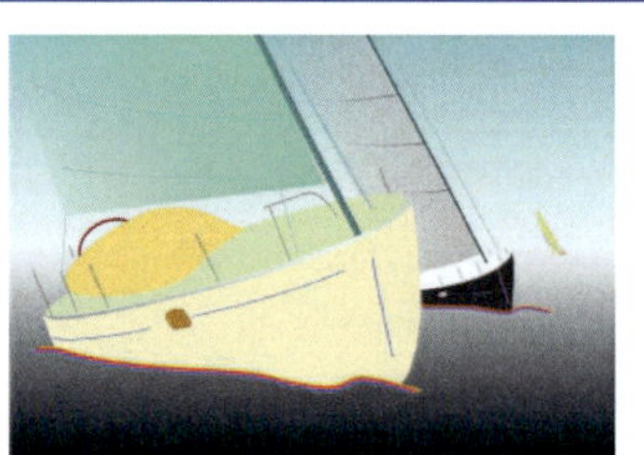

Eckhard Bergers Bild hat den Titel ..

O **Auf dem Kanal**
O **Beide auf Kurs**
O **Vor Anker**

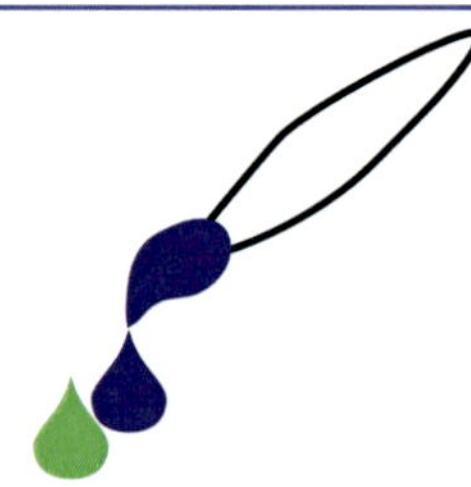

Welches ist das Mischungsergebnis aus Blau und Gelb ...

O Hellblau
O Dunkelorange
O Grün

KOHL VERLAG Farben, Rätsel, Spiele und Co ... durch die coole Kunstbrille – Bestell-Nr. 13 147

Zehn Unterschiede

!

Aufgabe 1: *Male beide Bilder gleich an.*

Aufgabe 2: *Finde und markiere mit einem X die zehn Unterschiede.*

Ente, Schaf, Hahn, Schwein 1

★

Aufgabe 1: *Beide Spielplatten werden auf eine feste Unterlage geklebt und dann ausgeschnitten.*

Aufgabe 2: *Zwei Schüler spielen gegeneinander. Sie versuchen, die gelbe Ente, das hellblaue Schaf, den dunkelblauen Hahn und das rosa Schwein möglichst genau in die leeren Felder der Spielplatte so zu malen, dass in jeder waagerechten und senkrechten Reihe jedes Tier oder jede Farbe nur einmal vorkommt. Der schnellste Schüler mit gut erkennbaren Tieren ist der Sieger.*

Spieler 1

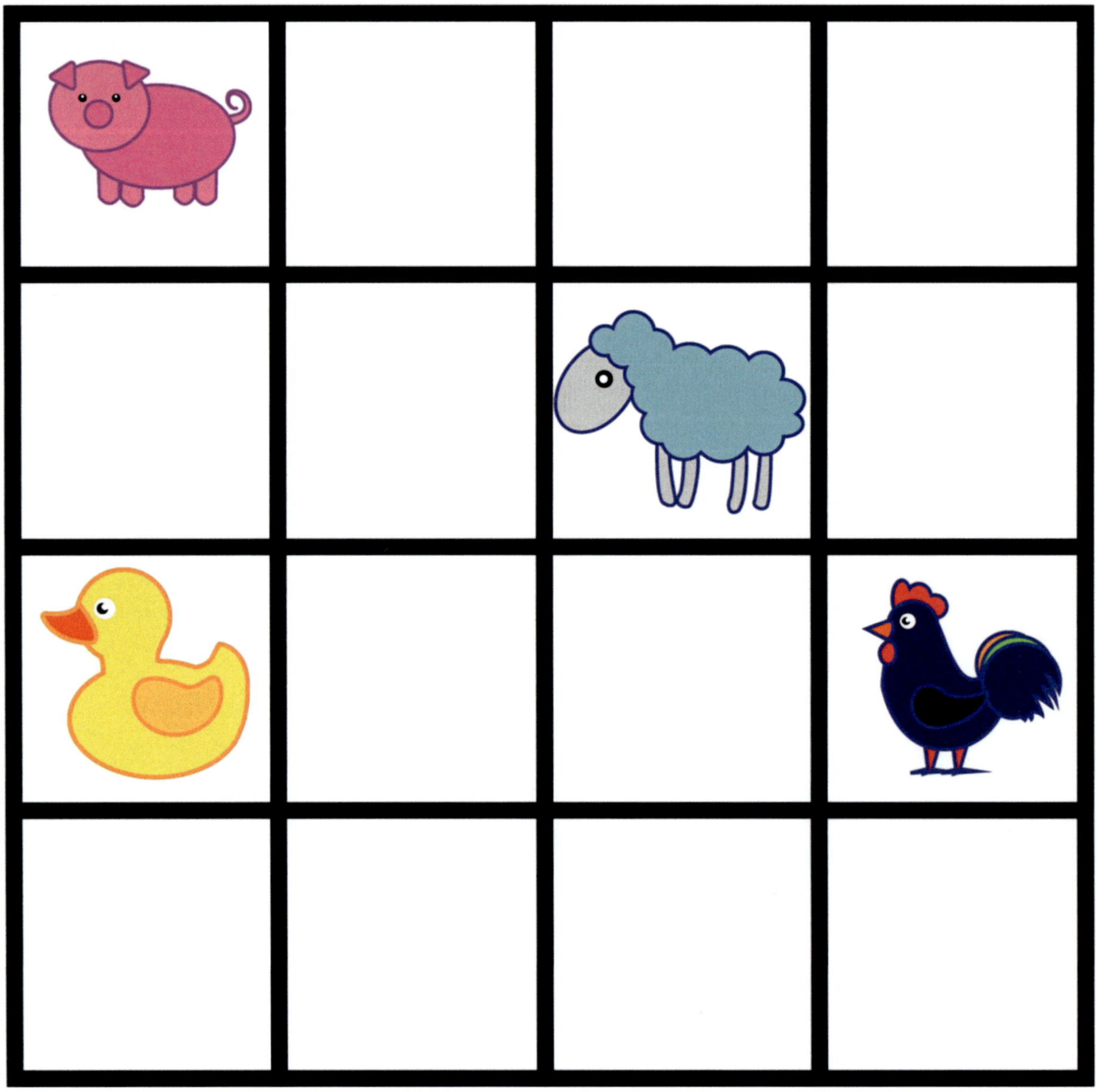

KOHL VERLAG Farben, Rätsel, Spiele und Co ... durch die coole Kunstbrille – Bestell-Nr. 13 147

Ente, Schaf, Hahn, Schwein 2

Spieler 2

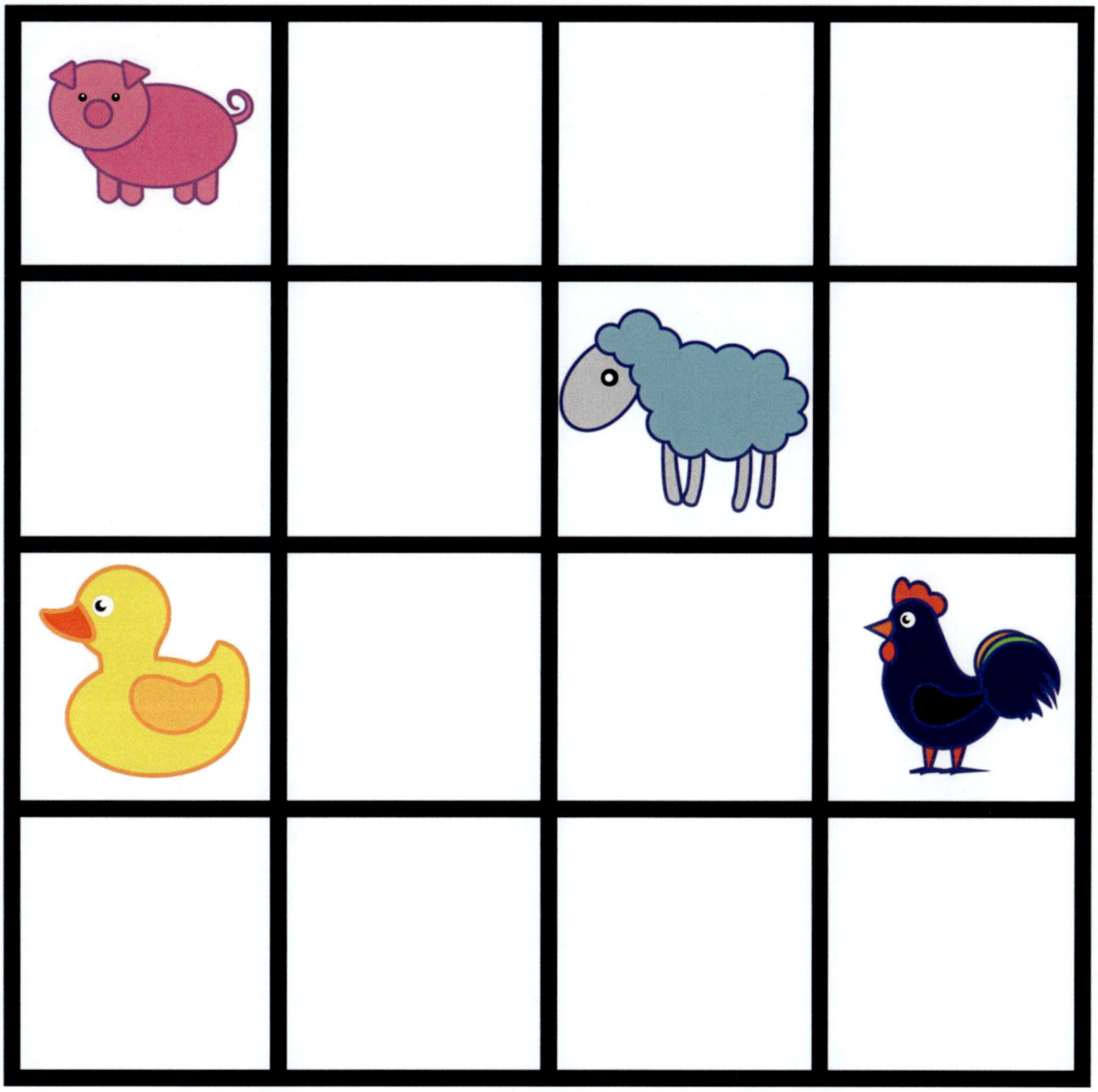

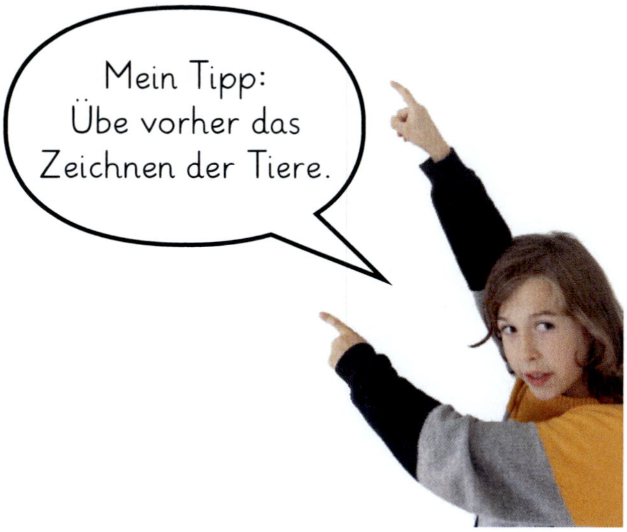

Mein Tipp:
Übe vorher das
Zeichnen der Tiere.

Schnelles Eiermalen 1

!

Aufgabe 1: *Beide Spielplatten werden auf eine feste Unterlage, Karton oder Pappe, geklebt und dann ausgeschnitten.*

Aufgabe 2: *Zwei Schüler oder zwei Paare spielen gegeneinander. Die Partei, die es zuerst schafft, die fehlenden Eier in das Raster zu zeichnen und in der richtigen Farbe so anzumalen, gewinnt. Zu beachten ist, dass die waagerechten und senkrechten Reihen farblich unterschiedliche Eier 1 bis 5 enthalten müssen.*

Spieler 1

5		4	3	
4	3		2	1
	2	1		4
1		2		3
	4		1	5

KOHL VERLAG Lernen mit Erfolg Farben, Rätsel, Spiele und Co ... durch die coole Kunstbrille – Bestell-Nr. 13 147

Schnelles Eiermalen 2

!

Spieler 2

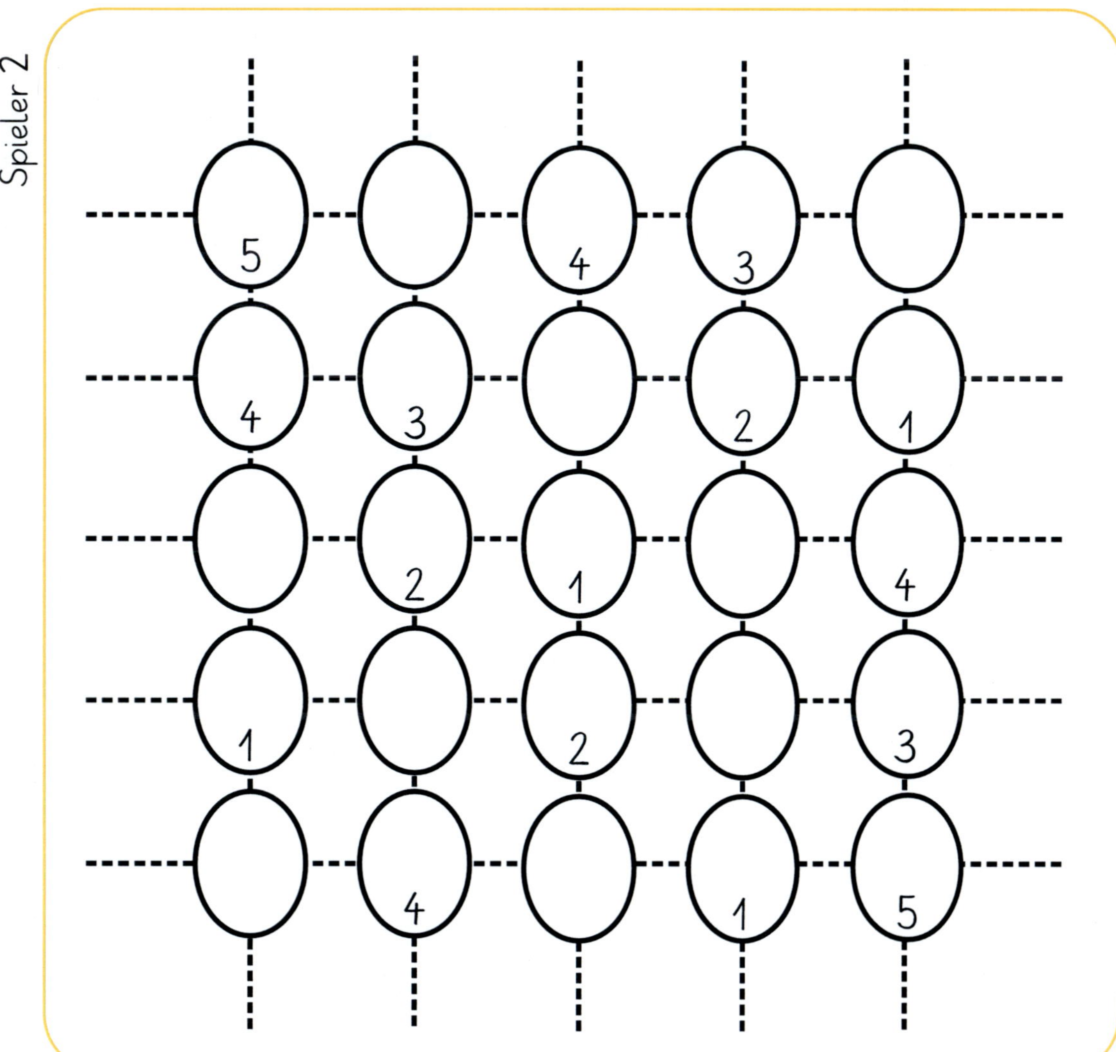

KOHL VERLAG Farben, Rätsel, Spiele und Co ... durch die coole Kunstbrille – Bestell-Nr. 13 147

Puzzlegemälde 1

Aufgabe 1: *Male das Bild so an:*

1 = hellblau	2 = hellgrün	3 = grün	4 = braun
5 = gelb	6 = rot	7 = blau	

Aufgabe 2: *Wenn du die Teile ausschneidest, erhältst du ein Puzzle.*

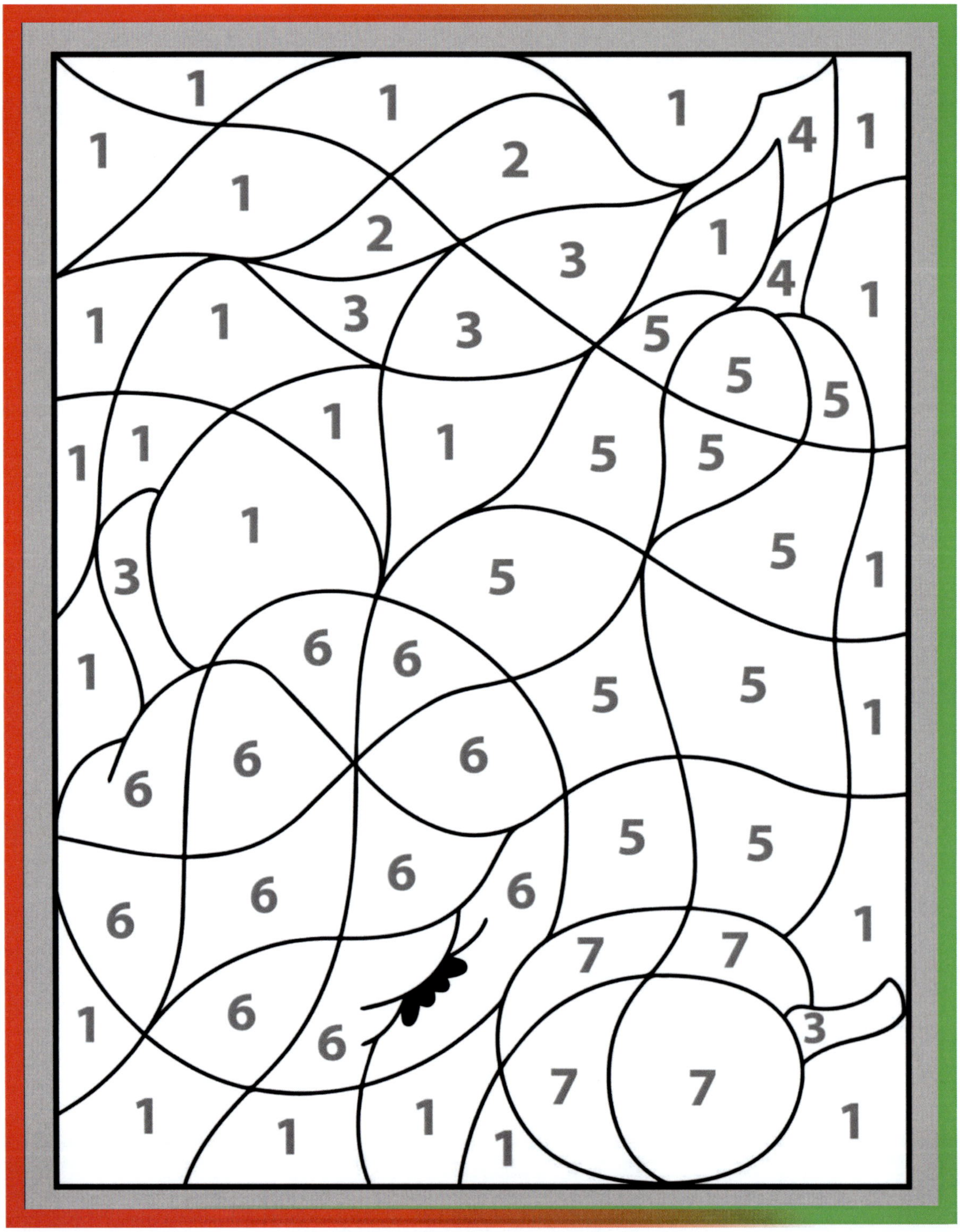

KOHL VERLAG Farben, Rätsel, Spiele und Co ... durch die coole Kunstbrille – Bestell-Nr. 13 147

Puzzlegemälde 2

⊙!

Aufgabe 1: *Male das Bild so an:*

1 = gelb 2 = orange 3 = rot 4 = braun
5 = hellgrau 6 = grau 7 = schwarz 8 = violett
9 = blau 10 = hellblau 11 = grün

Aufgabe 2: *Wenn du die Teile ausschneidest, erhältst du ein Puzzle.*

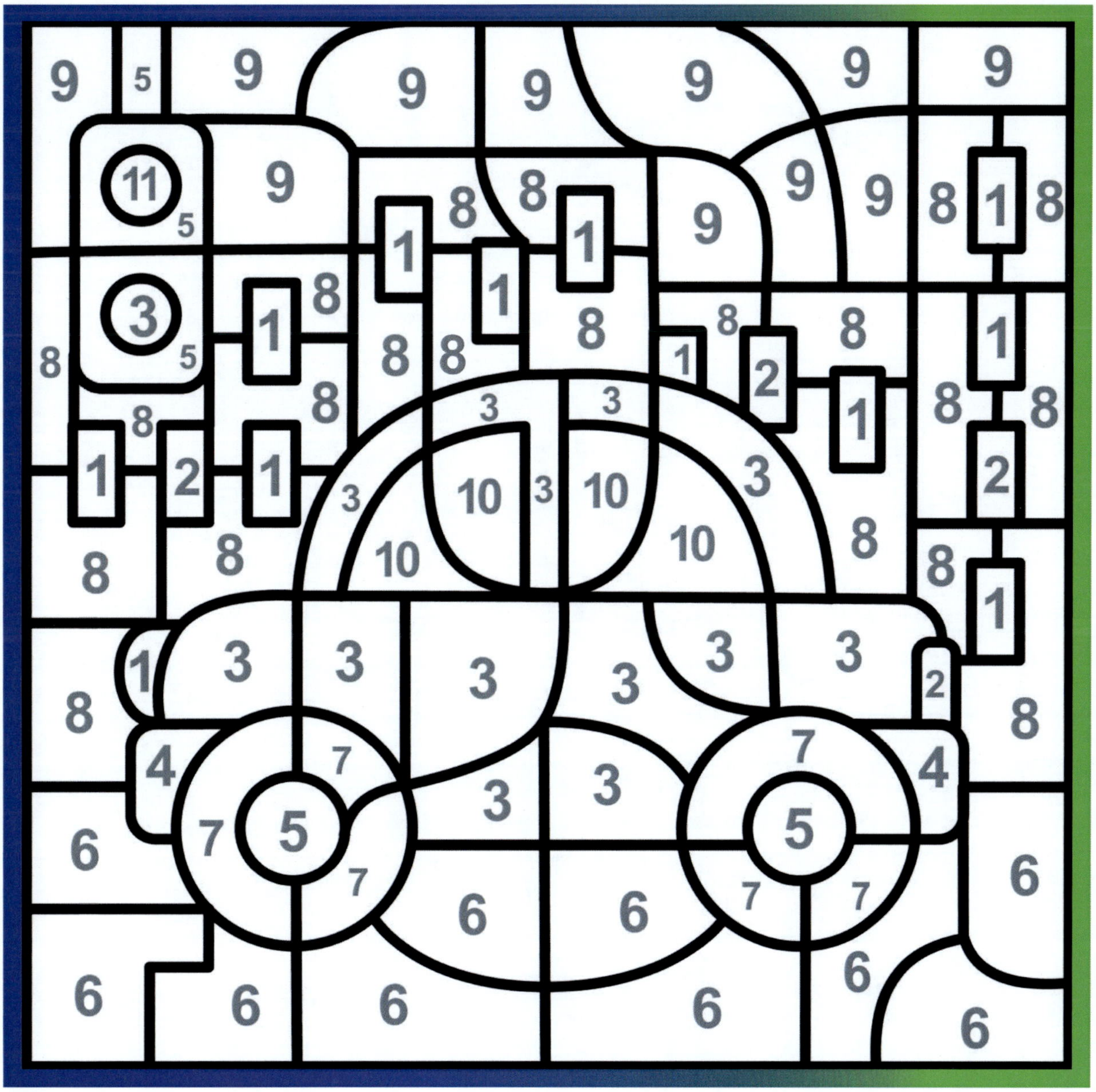

Farben, Rätsel, Spiele und Co ... durch die coole Kunstbrille – Bestell-Nr. 13 147

Puzzlegemälde 3

Aufgabe 1: *Male das Bild so an:*

1 = weiß 2 = hellblau 3 = dunkelgrün 4 = gelb
5 = rot 6 = hellgrün 7 = grün

Aufgabe 2: *Wenn du die Teile ausschneidest, erhältst du ein Puzzle.*

KOHL VERLAG Lernen mit Erfolg Farben, Rätsel, Spiele und Co ... durch die coole Kunstbrille – Bestell-Nr. 13 147

Blitzpuzzler 1

!

Aufgabe 1: *Die sechs Spielplatten für Blitzpuzzler werden auf eine feste Unterlage geklebt und ausgeschnitten.*

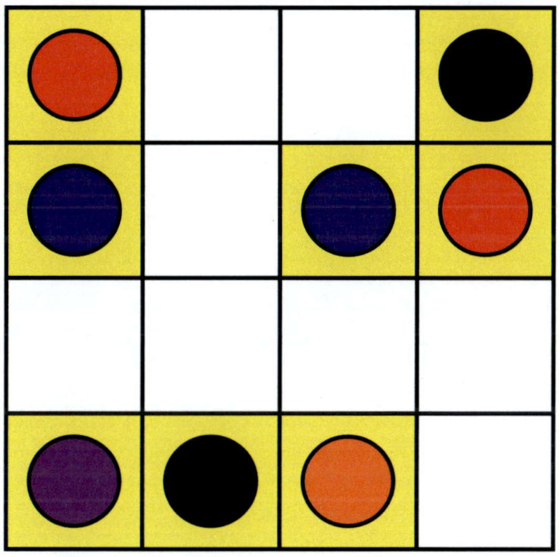

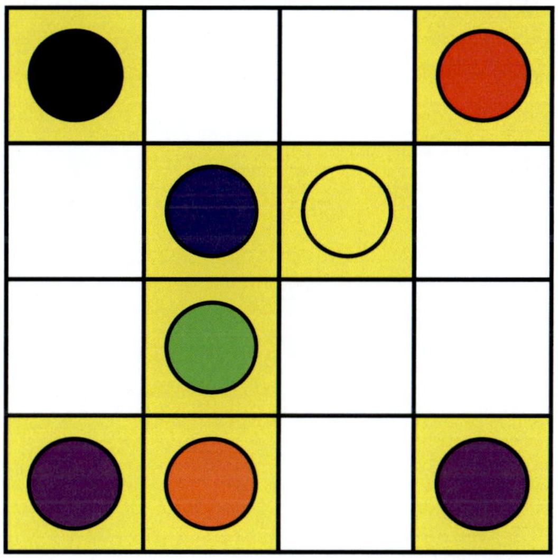

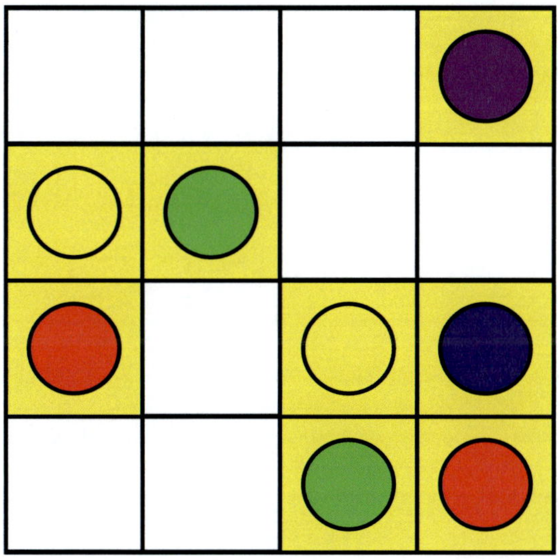

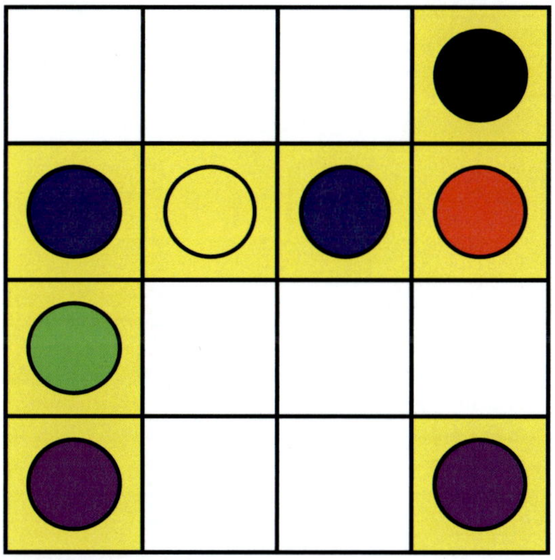

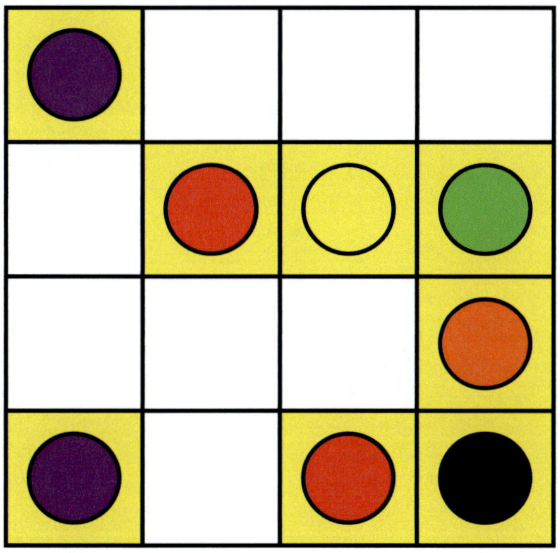

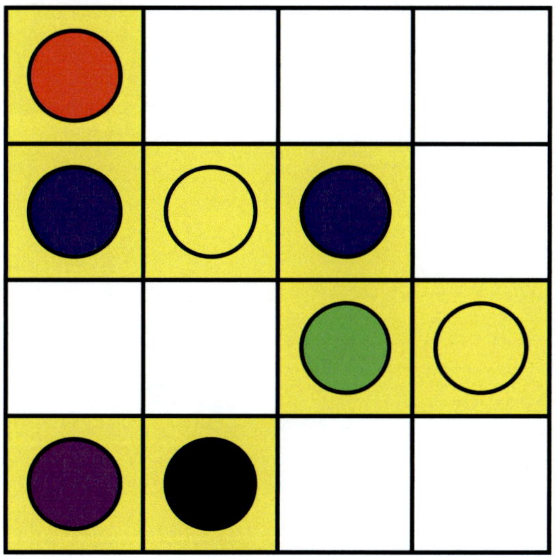

KOHL VERLAG Farben, Rätsel, Spiele und Co ... durch die coole Kunstbrille – Bestell-Nr. 13 147

Blitzpuzzler 2

!

Aufgabe 2: *Die einzelnen Puzzleteile werden auf eine feste Unterlage geklebt und ausgeschnitten.*

Aufgabe 3: *Zwei Spieler spielen gegeneinander. Es können auch zwei Mannschaften mit je drei Mitgliedern oder aber drei Mannschaften mit je zwei Mitgliedern gebildet werden.*

Aufgabe 4: *Gemäß der Spieleranzahl werden die Platten verlost und zugeteilt. Die Puzzleteile werden mit der Bildseite auf einen Tisch gelegt und gemischt. Die Spieler heben im Wechsel je ein Teil auf, um es auf die Platte einzufügen. Derjenige, der zuerst alle Teile richtig gelegt hat, erwirbt den Titel* **Blitzpuzzler**.

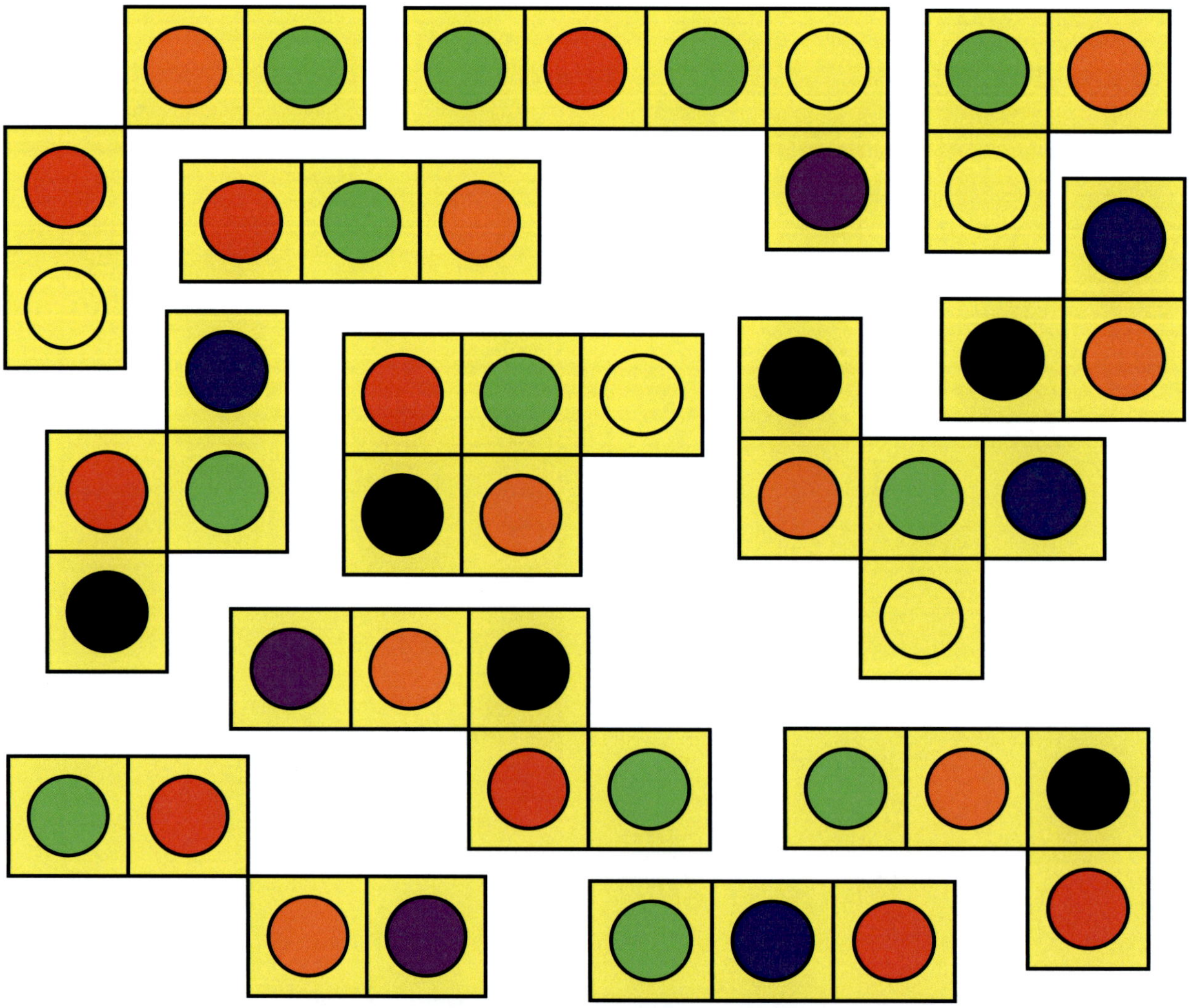

KOHL VERLAG Farben, Rätsel, Spiele und Co ... durch die coole Kunstbrille – Bestell-Nr. 13 147

Farbschützenkönig

Spieler 1

Spieler 2

Spieler 3

Aufgabe 1: *Drei Schützen wählen ihre Farbklecksform.*

Aufgabe 2: *Nacheinander tauchen sie ihren mit Wasser angefeuchteten Borstenpinsel in eine Tuschfarbe ihrer Wahl, die sie auf der Klecksform oben abtropfen lassen. Durch das Hin- und Herbewegen des Papierblattes versuchen sie, vom Klecks eine Farbspur bis zur Zielscheibenmitte zu bilden. Der beste Schütze darf sich* ***Farbschützenkönig*** *nennen. Mehrere Durchgänge können vereinbart werden.*

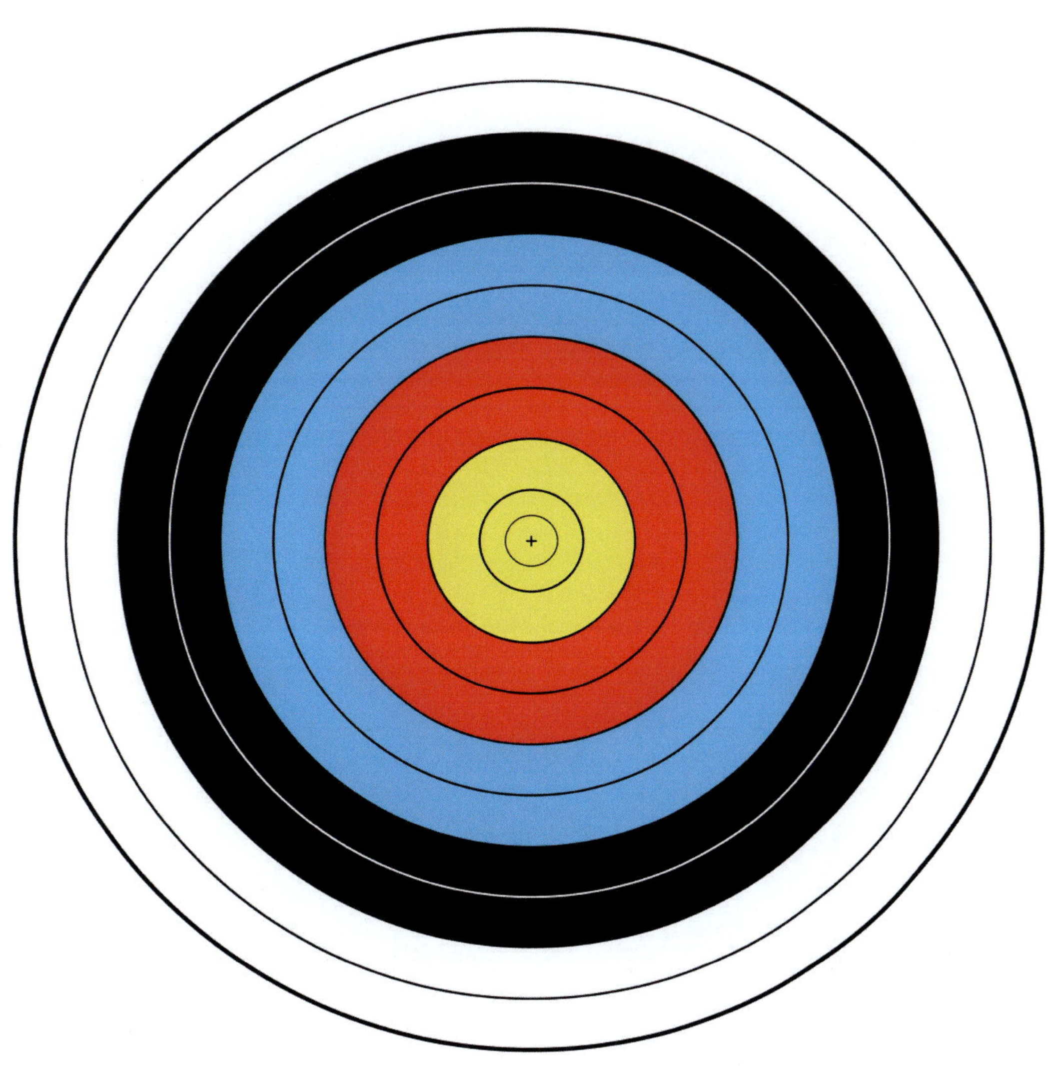

Farbkreislegespiel 1

!

Aufgabe 1: *Male die Kreise so an:*

1 = gelb   2 = orange   3 = rot   4 = blau   5 = violett   6 = grün

Aufgabe 2: *Klebe die Kreise auf eine feste Unterlage. Schneide sie aus.*

Aufgabe 3: *Eine Starterkarte wird mit der Bildseite auf den Tisch gelegt. Die anderen Karten werden mit verdeckter Bildseite an zwei bis vier Spieler verteilt. Sie legen sie abwechselnd aneinander. Dabei müssen gleiche Bildkartenenden aneinander liegen. Fehlt die passende Karte, setzt der Spieler in der Runde aus. Es gewinnt, wer als Erster alle seine Karten anlegen konnte. Die Spielregeln dürfen verändert werden.*

Karte links		Karte rechts	
1	1	1	
2	2	2	1
2		3	3
3	2	3	1

KOHL VERLAG Farben, Rätsel, Spiele und Co ... durch die coole Kunstbrille – Bestell-Nr. 13 147

Farbkreislegespiel 2

3		4	4
4	3	4	2
4	1	4	
5	5	5	4
5	3	5	2
5	1	5	

Farbkreislegespiel 3

!

6	6
6	5
6	4
6	3
6	2
6	1
6	

Ein cooles Spiel mit Grund- und Zweitfarben.

KOHL VERLAG Farben, Rätsel, Spiele und Co ... durch die coole Kunstbrille – Bestell-Nr. 13 147

Palettenkleckssieger

!

Aufgabe: *Zwei Schüler spielen gegeneinander. Beide tauchen einen sehr nassen Pinsel in die vorgegebene Tuschfarbe ein. Von einer zuvor vereinbarten Höhe lassen beide die Farbe genau auf einen der Zielkreise abtropfen. Dabei ist zu beachten, dass sie genau im Kreis sein muss. Der Vorgang wird mit weiteren Farben wiederholt, bis alle Kreise getroffen sind. Derjenige Schüler, der die besten Treffer geschafft hat, ist der* **Palettenkleckssieger**.

Spieler 1

Spieler 2

Auf Kleckse rücken 1

Aufgabe 1: *Merke dir die Regel für zwei Spieler: Beide würfeln im Wechsel und setzen ihre Palette. Die Würfelzahlen bedeuten immer, auf die nächsten Kleckse mit der Palette vorrücken:*

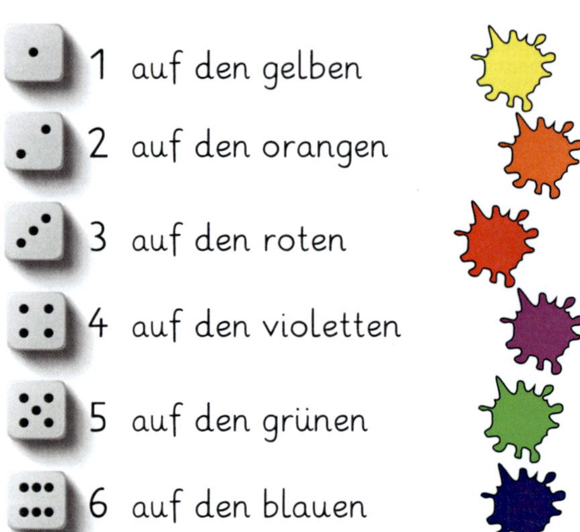

1 auf den gelben
2 auf den orangen
3 auf den roten
4 auf den violetten
5 auf den grünen
6 auf den blauen

Doppelkleckse haben folgende Bedeutung: Auf den großen wird vorgerückt, dann noch einmal gewürfelt und entsprechend der Zahl und Farbe weiter vorgerückt. Auf den kleinen wird vorgerückt, noch einmal gewürfelt und dann aber entsprechend der Zahl und Farbe zurückgesetzt.

Aufgabe 2: *Die Spielregeln dürfen in Absprache unter den Teilnehmern verändert werden.*

KOHL VERLAG Farben, Rätsel, Spiele und Co ... durch die coole Kunstbrille – Bestell-Nr. 13 147

Auf Kleckse rücken 2

!

<u>Aufgabe 3</u>: *Das Spielfeld und die beiden Paletten werden auf eine feste Unterlage geklebt und ausgeschnitten.*

Spieler 1

Spieler 1

Ziel

Start

KOHL VERLAG Farben, Rätsel, Spiele und Co ... durch die coole Kunstbrille – Bestell-Nr. 13 147

Halbe Blüten zu ganze Blüten

!

Aufgabe 1: *Die Bilder stellen eine untere und obere Bildhälfte dar. Sie werden auf eine feste Unterlage geklebt und ausgeschnitten.*

Aufgabe 2: *Auf ein Startzeichen legen zwei Spieler die Hälften zu sechs Bildern passend zusammen. Dabei helfen die Farben und Formen der Blüten. Der schnellste ist der Sieger.*

Farbfarbameister 1

Aufgabe 1: *Jede Kartenserie vertritt durch drei gleiche Obst- oder Gemüsesorten eine Farbe. Zeichne deshalb die vorgegebene Sorte noch zwei Mal ab und male sie an.*

Aufgabe 2: *Klebe die drei Papierblätter auf eine feste Unterlage.*

Aufgabe 3: *Schneide alle Karten aus.*

Aufgabe 4: *Spiele jetzt Farbfarba mit anderen Schülern. Lege alle Karten mit der Motivseite nach unten auf einen Tisch. Im Wechsel dürfen alle Spieler sie aufheben. Derjenige, der am Ende die meisten Kartenserien besitzt, ist der Farfbfarbameister.*

Aufgabe 5: *Das Spiel kann mit weiteren Kartenserien ergänzt werden, wobei Farben wiederholt werden dürfen.*

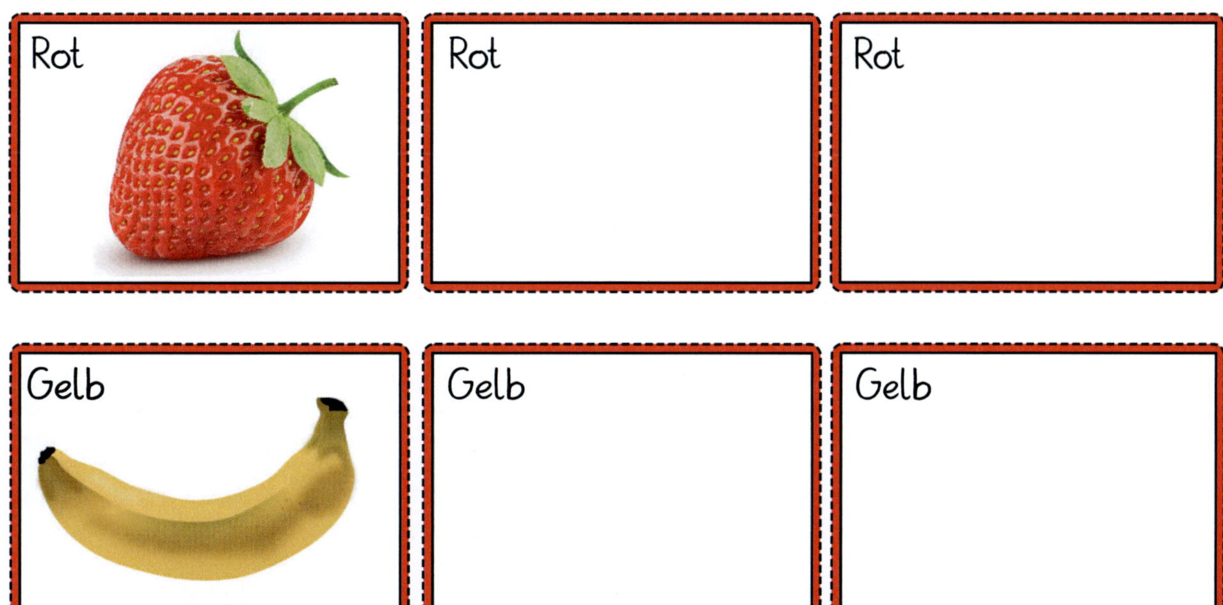

KOHL VERLAG Farben, Rätsel, Spiele und Co ... durch die coole Kunstbrille – Bestell-Nr. 13 147

Farbfarbameister 2

!★

Orange 	Orange	Orange
Grün 	Grün	Grün
Violett 	Violett	Violett
Braun 	Braun	Braun
Schwarz 	Schwarz	Schwarz
Weiß 	Weiß	Weiß

KOHL VERLAG Farben, Rätsel, Spiele und Co ... durch die coole Kunstbrille – Bestell-Nr. 13 147

Farbfarbameister 3

!★

Ockergelb	Ockergelb	Ockergelb
Grün	Grün	Grün

KOHL VERLAG Farben, Rätsel, Spiele und Co ... durch die coole Kunstbrille – Bestell-Nr. 13 147

Schnelle Palette 1

★

Aufgabe 1: *Zwei kleine Schülergruppen spielen gegeneinander. Sie kleben ihre Palettenkarten auf eine feste Unterlage und schneiden sie aus.*

Aufgabe 2: *Auf ein Startzeichen geht es los. Beide Gruppen legen angrenzend um die Karte mit dem Pinsel so alle weiteren Karten, dass sich gleichfarbige Paletten gegenüberliegen.*

Aufgabe 3: *Die Gruppe, die die Aufgabe am schnellsten schafft, gewinnt.*

Gruppe 1

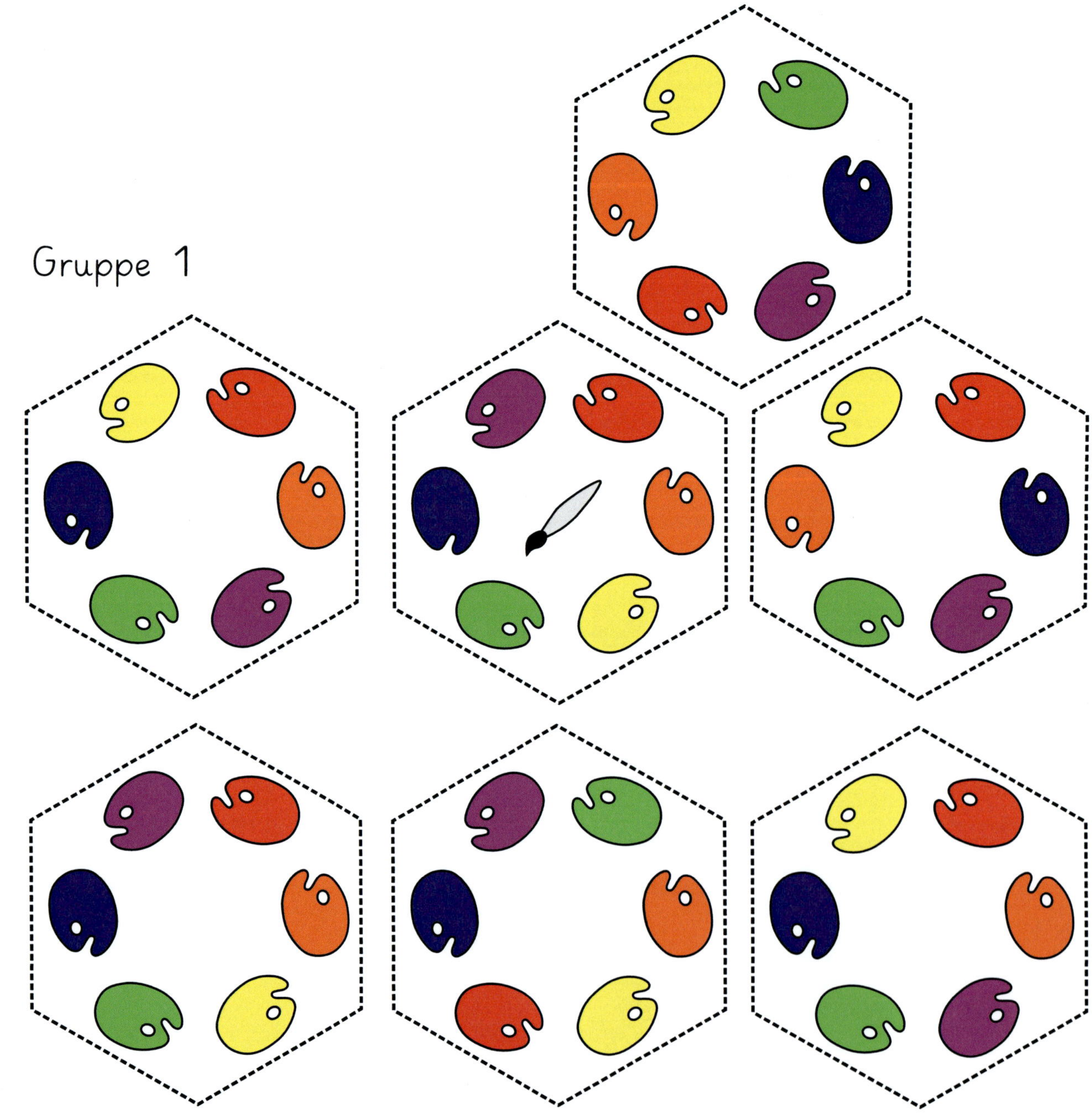

KOHL VERLAG Lernen mit Erfolg Farben, Rätsel, Spiele und Co ... durch die coole Kunstbrille – Bestell-Nr. 13 147

Schnelle Palette 2

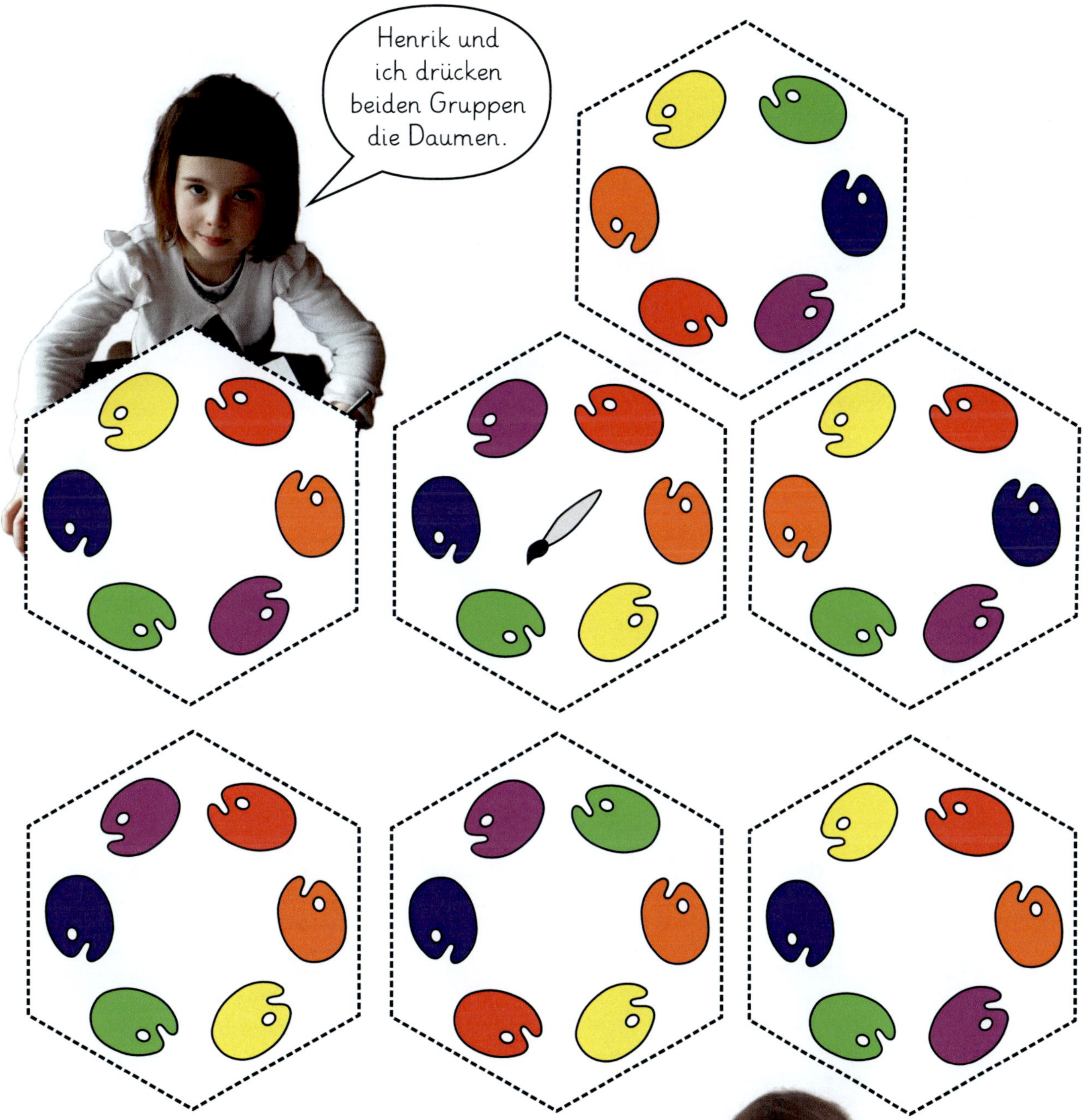

★

Henrik und ich drücken beiden Gruppen die Daumen.

Gruppe 2

KOHL VERLAG Farben, Rätsel, Spiele und Co ... durch die coole Kunstbrille – Bestell-Nr. 13 147

Lösungen

Das Xylophon gibt Töne

Kids

Leckere Marmeladen

Glas 1: Grün, Glas 2: Orange
Glas 3: Violett

Es ist Regenwetter

Farben der Eissorten

Lösungen

Außerirdische Stielaugen

Seiten- und Draufsicht

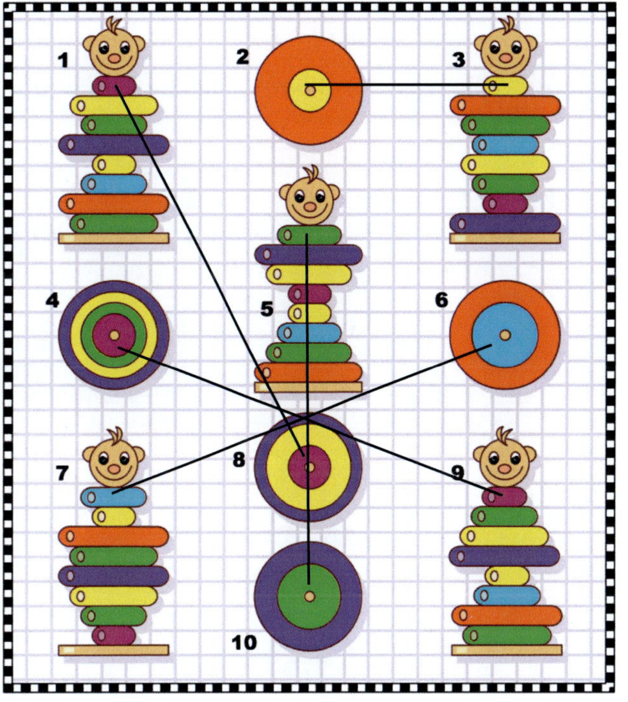

Springleute 1

Springleute 2

KOHL VERLAG Farben, Rätsel, Spiele und Co ... durch die coole Kunstbrille – Bestell-Nr. 13 147

Lösungen

Spanische Windmühlen

Spiegelverkehrte Stifte

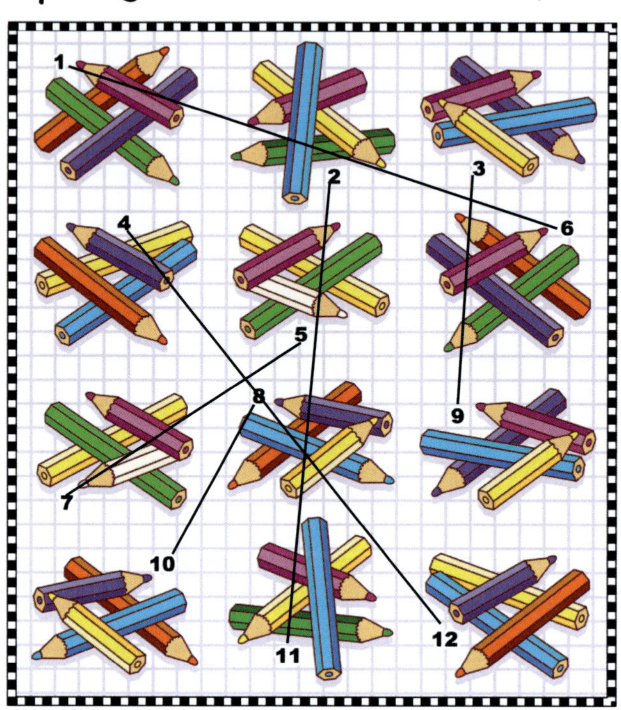

Bunte Bonbons in der Tüte

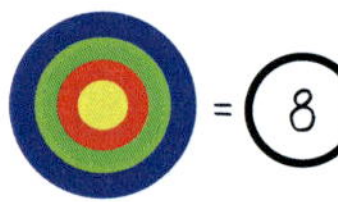 = 8

 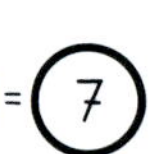 = 7

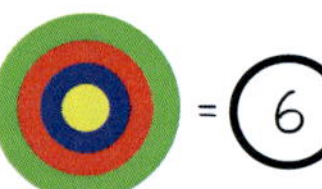 = 6

 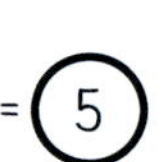 = 5

Wo die Flugzeuge hinfliegen

New York = 5 

Paris = 6 

London = 5 

Cooler Farbquizzer werden 1

O in der Tuschkiste
⊗ im Tuschkasten
O in der Tuschschachtel

O auf einem Papierblatt
O einem Frühstücksbrett
⊗ einer Palette

O intensiv bunte Farben
⊗ dunkle Farben
O rote und weiße Farben

⊗ Pinsel
O Bürste
O Putzlappen

⊗ **Blaues Pferd**
O **Blaue Berge**
O **Blaue Wiese**

O Faserstifte
⊗ Bleistifte
O Buntstifte

KOHL VERLAG Farben, Rätsel, Spiele und Co ... durch die coole Kunstbrille – Bestell-Nr. 13 147

Lösungen

Cooler Farbquizzer werden 2

- O Höchstens eine Farbe
- O Keine Farbe
- ⊗ Mindestens zwei Farben

- ⊗ gelbe Blüten
- O blaue Blätter
- O schwarze Vasen

- ⊗ Nelken in grüner Vase
- O Schwarze Nelken
- O Rosen in weißer Vase

- O Intensivfarben
- O Sekundärfarben
- ⊗ Primärfarben

- O Rot, Schwarz, Grau
- O Grau, Grün, Violett
- ⊗ Grün, Violett, Orange

- O Grün
- O Gelb
- ⊗ Grau

- O bunte Farben
- O keine Farben
- ⊗ unbunte Farben

- O Eckige Sonne
- O Kleine Sonne
- ⊗ Violette Sonne

- O bunter
- ⊗ dunkler
- O grüner

Cooler Farbquizzer werden 3

- ⊗ Rotorange
- O Blaugrün
- O Weiß

- ⊗ Farbunterschied
- O Farbaufhellung
- O Farbmischung

- O Halbmond
- O Gelbe Kreise
- ⊗ Orange Sonne

- O Buntfarben
- ⊗ Sekundärfarben
- O Schöne Farben

- ⊗ 6
- O 4
- O 0

- ⊗ Schwarz und Weiß
- O Schwarz und Schwarz
- O Rot und Orange

- ⊗ Farbgang
- O Farbwettlauf
- O Farbspaziergang

- O Auf dem Kanal
- ⊗ Beide auf Kurs
- O Vor Anker

- O Hellblau
- O Dunkelorange
- ⊗ Grün

Ente, Schaf, Hahn, Schwein

Zehn Unterschiede

KOHL VERLAG Lernen mit Erfolg
Farben, Rätsel, Spiele und Co ... durch die coole Kunstbrille – Bestell-Nr. 13 147

Lösungen

Schnelles Eiermalen

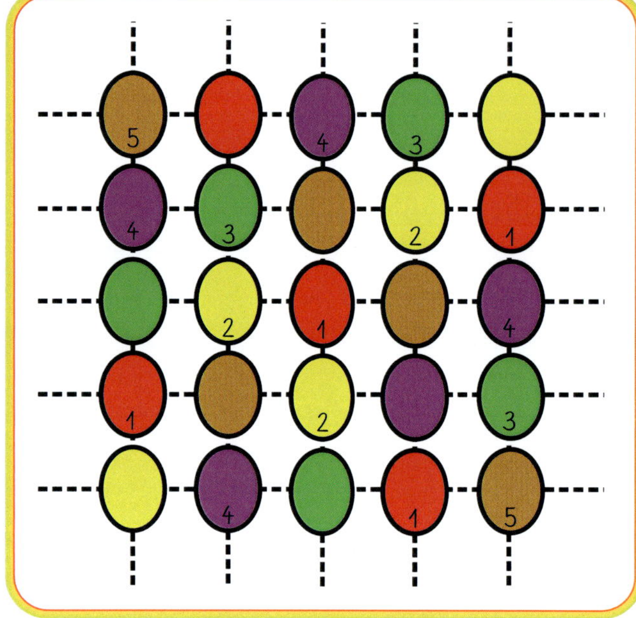

Puzzlegemälde 1

Puzzlegemälde 2

Puzzlegemälde 3

KOHL VERLAG Lernen mit Erfolg Farben, Rätsel, Spiele und Co ... durch die coole Kunstbrille – Bestell-Nr. 13 147

Lösungen

Halbe Blüten zu ganzen Blüten

Schnelle Palette

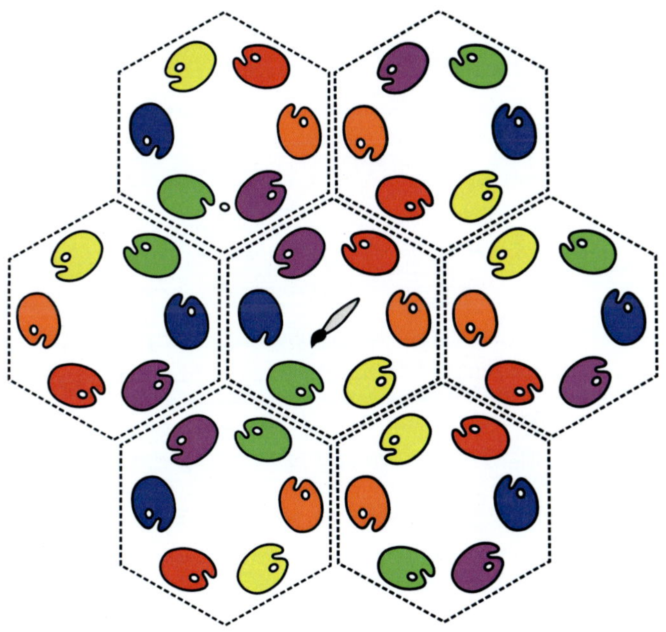

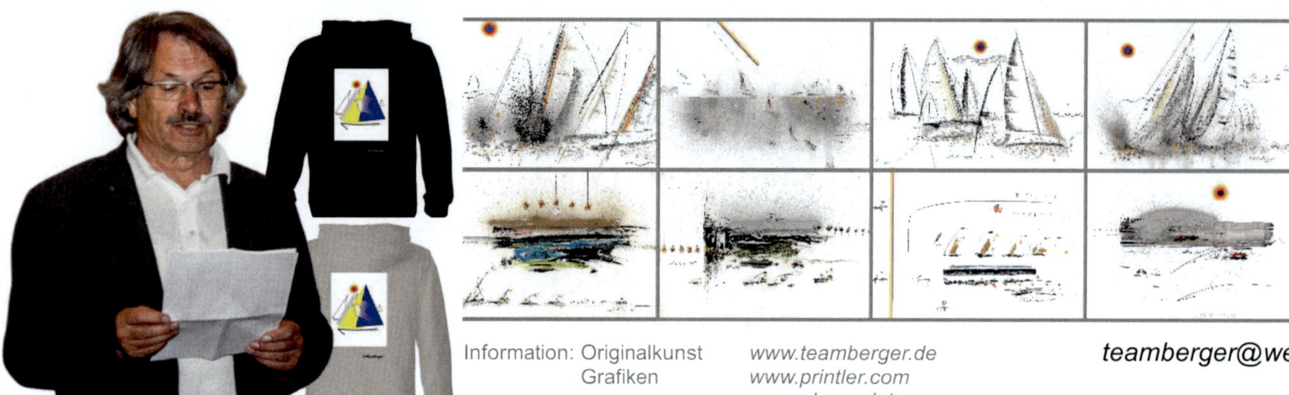

Information: Originalkunst www.teamberger.de
Grafiken www.printler.com
www.ohmyprints.com
Designs www.redbubble.com
Mode und Bilder www.art-shirt.com

teamberger@web.de

Eckhard Berger

Autor, Künstler, Designer, Kunsthistoriker und Kunstreferent

- Geboren am 06.06.1951
- wohnt und arbeitet in Brake/Unterweser
- Kunst-, Pädagogik-, Psychologie- und Soziologiestudium
- Seit 1987 internationale Kunstausstellungen, Events und Kooperationen mit Künstlern, Galerien und Kulturinstitutionen
- Moderne Grafik, Skulpturen, Kunstkonzepte, Schmuck- und Möbeldesign
- Design der Freizeitmodekollektionen ***Segelimagination*** *und* ***Landschaftsimagination*** *(Ich trage Kunst)*
- Werke im privaten und öffentlichen Besitz
- Gründung der Aktion ***Kunst hilft****, Bilderspenden für wohltätige Organisationen und Hilfs- und Umweltprojekte*
- Innovative Förderkonzepte für Kinder und Jugendliche
- Autor von neuartigen Praxisbüchern für den modernen Kunstunterricht in Deutschland, Österreich und der Schweiz und andere Fachbereiche (Psychologie, Wahrnehmung, Kreativität und Ernährung)
- Kooperation und gemeinsame Bücher und Publikationen mit der Autorin Barbara Berger
- Vorträge zu populären Pädagogik-, Psychologie-, Kunst-, Kunstpädagogik-, Kunstgeschichts- und Kreativitätsthemen
- Mitwirkung in TV- und Kinofilmen

Über 160 Bücher aus dem Kohl-Verlag verfügbar, u.a.

Farbtopf (Vorschule, GS)
Kunterbunte Farbtopfgeschichten (Vorschule, GS)
Kunststarter (Vorschule, GS)
Konzentrieren können (Vorschule, GS)
Zeichnen können, 4 Bände (Vorschule, GS)
Zusatzmaterial Anfangsunterricht (Vorschule, GS)
5-Minuten-Lesegeschichten (Vorschule, GS)
Schwungübungen (Vorschule, GS)
Bunte Farbe (GS)
Kunstwerke für Schulen, 3 Bände (GS)
Kunst fachfremd unterrichten (GS)
Entspannungsmalen (GS)
Kunst in Kürze (GS)
Buchstaben- und Zahlengeschichten (GS)
Kinder fit fördern, 3 Bände (GS)
Kinderkunstland (GS)
Bildstarke Geschichten (GS)
Emmas Kunstentdeckungen, 2 Bände (GS)
Kunst in 3 Niveaustufen (GS)
Anmalen & Weitergestalten für kleine Künstler (GS)
Freies Kreativzeichnen (GS)
Kunstwerke entdecken und anmalen (GS)
Kompetenzförderung Rätseln, zeichnen & anmalen (GS)
Kompetenzförderung Geschichten lesen, zeichnen & anmalen (GS)
Kompetenzförderung Wahrnehmen, sich konzentrieren, zeichnen & anmalen (GS)
Kunstbonbons, 5 Bände (GS)
Kreatives Gedächtnistraining (GS)
Vertretungsstunden Kunst (GS)
Kunstgeschichte für Kinder (GS, SEK)
Vincent van Gogh - Anmalen und weitergestalten, Schulmalbuch, 32 Bände zu Claude Monet, August Macke, Paul Cézanne, Ernst Ludwig Kirchner, Camille Pissarro, Lucas Cranach, Jan van Eyck, Jean-François Millet, Henri Rousseau, Caspar David Friedrich, Paul Klee, Gustav Klimt, Der Blaue Reiter, Paula Modersohn-Becker, Pieter Bruegel, Paul Gauguin, Albrecht Dürer, Rembrandt, Édouard Manet Leonardo da Vinci, Edgar Degas, Henri de Toulouse-Lautrec, Franz Marc, Jan Vermeer, Peter Paul Rubens, Georges Seurat, Gustave Courbet, Vincent van Gogh, Pierre-Auguste Renoir, Paul Klee, Henri de Toulouse-Lautrec, Édouard Manet, Camille Pissarro, Jean-Francois Millet, Die Brücke, Wassily Kandinsky, Michelangelo, Max Beckmann, Francisco de Goya (GS, SEK)

Superleckere Smoothies, 2 Bände (GS, SEK)
Superleckere Smoothies und Shakes (GS, SEK)
Anmalen und Weitergestalten für kleine Künstler (GS,SEK)
Kunstgeschichte für Kinder (GS, SEK)
Farbe - Komplette Theorie im modernen Kunstunterricht (SEK)
Design - Moderner Kunstunterricht in der Sekundarstufe (SEK)
Moderne Kunst, 3 Bände (SEK)
Künstler in die Klassen, 3 Bände (SEK)
Kunstwerke für Schulen, 3 Bände (SEK)
Kunst in Kürze (SEK)
Kunstauge (SEK)
Kunst COOL, (SEK)
Kunsttipp & Co, 3 Bände, (SEK)
Kunstknaller, 2 Bände (SEK)
Logikrätsel Kunst, 2 Bände (SEK)
Kreuzworträtsel Kunst (SEK)
Emmas Kunstentdeckungen (SEK)
Wir werden Kunstprofi, 2 Bände (SEK)
Kunst fachfremd unterrichten (SEK)
Entspannungsmalen, 2 Bände (SEK)
Internationale Gegenwartskunst (SEK)
Kunst in 3 Niveaustufen (SEK)
Freies Kreativzeichnen (SEK)
Raum und Perspektive (SEK)
Die Kunstepoche Impressionismus (SEK)
Die Kunstepoche Expressionismus (SEK)
Die Kunstepoche Realismus (SEK)
Die Kunstepoche Renaissance (SEK)
Die Kunstepoche Jugendstil (SEK)
Kreatives Gedächtnistraining (SEK)
Große Kunstgeschichte, 2 Bände (SEK)
Kunstquizzer (SEK)
Vertretungsstunden Kunst (SEK)
Kreative kurze Kunstprojekte (SEK)
Moderne Kunst, 3 Bände (SEK)
Kunstthema Landschaft (SEK)
Kunstthema Alltag (SEK)
Kunstthema Porträt (SEK)
Kunstthema Stillleben (SEK)
Die große Graffitischule (SEK)
Das große Graffiti-Schulmalbuch (SEK)
Bilder richtig gestalten (SEK)